KIVIKOMPPANIA
ja muita muisteloita lapsuudesta
sotienjälkeisessä Suomessa

Unto Sinkkonen

KIVIKOMPPANIA
ja muita muisteloita lapsuudesta
sotienjälkeisessä Suomessa

SISÄLLYSLUETTELO

Oi niitä aikoja

Pihan perällä sijaitsi matala, pärekattoinen navetta ja sen yhteydessä heinälato. Navetan ovi avautui, sisälle kurkisti pikkupojan vaaleatukkainen pää.

– Haluatko kuulla, mitä se Pörrö-Iivari sitten teki? hän kysyi toiveikkaana isosiskoltaan, joka oli paraikaa lypsämässä perheen ainoaa lehmää.

– No kerrohan...

Ja poika kertoi lukeneensa lehdestä *sarjakuvasankari* Pörrö-Iivarin uusimmat seikkailut, mutta kun tarinaa oli yhdessä lehdessä vain muutaman puhekuplan verran, niin se pani mielikuvituksen lentämään, että mitä sitten tapahtui...

– Niin sitten se Pörrö-Iivari...

Ne tarkemmat seikkailut ovat jo aikaa sitten unohtuneet mielestäni, mutta vanhin siskoni kertoi vuosikymmeniä myöhemmin tuon ilmiön toistuneen melko tiuhaan: navetan ovi narahti, sisään kurkisti pellavainen pää:

– Haluatko kuulla...?

Tarinaa oli siskon mukaan riittänyt joka kerta runsaasti, ja mielellään hän niitä oli kuunnellut. Toihan se vähän vaihtelua arkiseen navettaan, jossa vain kana orrella oli lehmän ja lypsäjän seurana.

Elettiin vuotta 1949 Pyhäselän Niittylahdessa Pohjois-Karjalassa. Olin juuri oppinut *lukemaan*, viisivuotiaana, kun äitini ei enää jaksanut eikä ehtinyt noudattaa toistuvia pyyntöjäni:

– Lue äiti ääneen...

Hän ei kuitenkaan halunnut lannistaa tiedonhaluani, vaan tuumasi:

– Sinun pitää opetella lukemaan itse!

Ja kun vähän aikaa oli opeteltu, niin kirjaimet alkoivat hahmottua sanoiksi ja sanat lauseiksi, mikä avasi nuorelle lukijalle aivan uuden maailman: sanomalehdessä oli sarjakuvia, kotona muutama lastenkirja, jotka tuli pian ahmittua, ja sitten eikun kyläkirjaston asiakkaaksi vanhempien sisarusten mukana.

Ensimmäinen postireissu

Siihen aikaan posti haettiin rautatiepysäkin konttorista, jonne meiltä oli matkaa kilometrin verran. *Posti* tarkoitti lähinnä sanomalehteä, harvemmin niitä kirjeitä tuli. Joka päivä piti miettiä, kuka sen lehden ehtisi hakea. Äiti ei päässyt nuorempien siskojeni hoidon ja taloustöiden takia, isä oli lähtenyt töihinsä ja kouluikäisten sisarusten piti mennä kouluun. Niin sitten eräänä iltana minun, viisivuotiaan, todettiin olevan *kypsä* tähän kunniatehtävään ja alettiin asian vaatima valmennus. Siinä oli useampikin opastaja, mutta tieto piti tiivistää mahdollisimman olennaiseen, jotta uusi, pieni postinkantaja pystyisi muistamaan asiat ja toimimaan oikein.

– Kun juna tulee siinä yhdeksän maissa, asemamies tuo postisäkin sisälle konttoriinsa ja alkaa lajitella lehtiä ja kirjeitä. Odota kaikessa rauhassa, se kestää jonkin aikaa. Kun posti on lajiteltu, asemanhoitaja avaa seinässä olevan luukun ja rupeaa *huutelemaan* nimiä odotushuoneessa olijoille. Kun hän sanoo ”Juhani Sinkkonen”, niin sano kuuluvalla äänellä ”täällä”, niin saat meidän lehden.

– Mutta eihän isän nimi ole Juhani vaan Juho, minä väitän vastaan.

– Ei olekaan, mutta asemanhoitaja on vitsikäs mies – hän antaa postintilaajille mielensä mukaiset nimet. Kun hän sanoo ”Kiiltolippa”, hän tarkoittaa kylän seppää, jonka hatussa on musta kiiltävä lippa. ”Naapurin Antti” taas on radan toisella puolella oleva eläkeläismies, jotta hän erottuu kylän opettajasta, jolla on sama nimi. ”Paavo parka” taas on peräkylän varsin ison talon isäntä.

– Miten se asemanhoitaja uskaltaa antaa toisille tuollaisia nimiä? kysäisin ihmetellen.

– On se valtion virkamies sen verran vaikutusvaltainen herra, ettei kukaan uskalla protestoida, arvelivat vanhemmat sisarukseni.

Siinä vaiheessa äiti puuttui puheeseen:

– Ei täällä taida olla ketään niin *tomeraa* ihmistä, kuin erään kylän emäntä. Hän oli kerinnyt navetta-askareidensa takia postille vasta varttia yli kymmenen, kun aamuposti oli normaalisti auki vain yhdeksästä kymmeneen. Asemanhoitaja oli alkanut moittia emäntää siitä, että tämä tuli liian myöhään postiaan hakemaan. Emäntä ei moisesta viranomaisen moitteesta häkeltynyt vaan tokaisi kovalla äänellä: "Ei ne lehmät virka-ajasta tiedä. Antakaa vain posti mutisematta, tehän olette yleisön palvelija!" Emäntä sai postinsa vikkelästi, eikä enempiä valituksia kuulunut.

Lähdin siis aamulla postinhakumatkalle hyvin valmennettuna ja aukaisin aseman, tai paremminkin pysäkin, odotushuoneen oven hyvissä ajoin ennen yhdeksää. Se olikin melkein täynnä kylän talollisia, jotka olivat sitoneet hevosensa ulkopuolella oleviin puomeihin. Osalle hevosista oli pantu eteen heiniä hamuttaviksi, osa järsi ikävissään puisia puomeja, joihin olikin ajan mittaan syntynyt melkoisia koloja. No, löysin kuitenkin sisältä paikkani ja odotin jännityksellä, mitä tapahtuman pitää.

Ja toden totta – kaikki kävi niin kuin minulle oli kerrottu: Kun luukusta ojennettiin sanomalehti ja huudettiin "Juhani Sinkkonen", kajautin kuuluvasti "täällä" ja hyökkäsin ottamaan vastaan lehden. Kenelläkään ei tuntunut olevan kiirettä, ja aikaisemmin *aviisinsa* (se oli isältä kuulemani sana) saaneet jo lueskelivat niitä kaikessa rauhassa. Niinpä noudatin esimerkkiä, avasin lehden ja aloin lukea sarjakuvia, Pörrö-Iivaria tietysti ensimmäiseksi. Vieressäni miehet suhahtelivat toisilleen:

– Kas vain poikaa! Sehän katselee lehteä ihan tosissaan. Taitaa matkia muita.

Olin sen verran varreltani vähäinen, etteivät he uskoneet minun osaavan oikeasti lukea. Pikku hiljaa seuraavilla lehdenhakureissuilla oli hevosmiesten tietotoimistossa sana jo ehtinyt kiertää, että kyllä se nassikka lukutaitoinen on.

Koulutien alkuvaiheita

Seitsemän vanhana piti mennä kouluun. Tulinkin tuohon "täys-ikään" sopivasti heinäkuussa, ja kun lukeminenkin sujui jo hyvin, niin mikäpäs oli koulutielle astella. Välillä oli vähän puisevaa kuunnella enemmistön tavausharjoituksia, mutta opettaja ymmärsi antaa minulle omaa lukemista, ettei aika tunneilla mennyt hukkaan. Ja laskemisessa riitti töitä siinä missä muillakin.

Lapsia oli 50-luvulla niin paljon, että meille piti perustaa yli-määräinen koulu kylän seurojentalolle, Majakallioon. Luokat oli-vat kahdessa kerroksessa: eka- ja tokaluokka alakerrassa, kolmas-, neljäs- ja viidesluokka yläkerrassa. Se tiesi työtä kahdelle opetta-jalle. Koulua käytiin säästöbudjetilla: jokainen sai lukukaudessa yhden lyijykynän ja kumin sekä uuden vihkon sitten kun edellinen oli tullut täyteen. Kyniä teroitettiin koulun yhteisellä *puukolla*, jota tultiin hakemaan ylhäältä tai alhaalta, sen mukaan, missä viimeksi oli olleet kynät tylsinä. Opettaja muisti aina varoittaa, että puukkoa piti pidellä terä alaspäin (tuppea ei näet puukossa ollut) ja että puu-konkuljettaja ei saanut ottaa yhtään juoksuaskelta luottamustehtä-vää suorittaessaan.

Meitä myös opetettiin *vuolemaan* kynä teräväksi sellaisella tek-niikalla, ettei puukko vahingossakaan lipsahtanut sormeen: kynä litistetään vasemman käden peukalonhankaan, oikea peukalo pan-naan kynän teroitettavan pään alle, sitten oikealla kädellä vuollaan tarvittava määrä puuta pois. Kokeilin juuri taas kerran, miten sys-teemi toimii, ja toimihan se. Tulos on mielestäni usein parempi kuin käytettäessä teroituskonetta, joka jyrsii lyijyn liiankin teräväksi tai joskus jopa katkaisee sen kokonaan. En tiedä, milloin moinen kone on keksitty, mutta ei meidän koulussa ainakaan sellaista ollut.

Käsitöitä ja askartelua

Kuudesluokkalaiset eivät seurojentaloon mahtuneet, vaan he menivät sitten kilometrin päässä olevalle pääkoululle, joka sijaitsi vanhan kuutostien varrella. Siellä me nuoremmatkin kävimme puutöitä harjoittelemassa, pojat nimenomaan, ja oppiainetta nimitettiin *veistoksi.* Puutöihin tarvittiin höyläpenkki ja timpurintyökaluja (ainakin sahoja, poria eli *vintilöitä,* taltotoja eli *temmejä*), eikä niitä ollut meidän väliaikaisessa koulussamme. Lisäksi tarvittiin veistotaitoinen opettaja, joka siihen aikaan itsestään selvästi oli miespuolinen.

Mitä ne tytöt lienevät sillä aikaa tehneet, kun me pojat olimme veistotunnilla? Ihme juttu, kun se on muistista kadonnut. Olettaisin että *ompelutöitä,* joita taitoja olisin itsekin myöhemmin varsin usein tarvinnut. Esimerkiksi ompelukoneen käyttö puolauksineen ja erilaisine lankoineen eli rihmoineen on jäänyt meikäläiseltä oppimatta. Napin ompelu, ja myöhemmin armeijassa arvomerkkien eli natsojen ompelu sentään on onnistunut.

Niin, ja eka- ja tokaluokalla (veisto alkoi muistaakseni sitten kolmannella luokalla) tehtiin sekä tytöt että pojat pieniä yhteisiä käsitöitä. Muistan vielä, miten mukava oli tehdä pienen männyn latvasta *hierin* eli *härkin:* latva katkaistiin ja kuorittiin; siihen jätettiin yhden vuosikerran oksat (tietysti lyhennettyinä piikeiksi), ja niin saatiin nykyistä vispilää vastaava puurojen ja vellien hämmennysväline. Meillä päin härkin-nimitys oli niin outo, että kun se oli yhdellä naishiihtäjällä nimenä, niin sitä luultiin joksikin ulkomaan sanaksi ja sitä painotettiin viimeisellä tavulla ja vielä venytettiin iitä.

Oli niistä yhteisistä käsitöistä muutenkin hyötyä kuin vellinkeitossa. Siellä nimittäin opittiin *parsimaan* villasukkia. (Todella tärkeä taito siihen aikaan! Ja tuntuu ne sukan kantapäät menevän rei´ille nykyaikanakin, mutta osaatkos tai viitsitkös parsia?) Parsimisesta tuli minulla melkein himo, kun se oli niin selkeää toimintaa: ensin vedettiin villalankaa parsinneulan avulla reiän reunasta yhteen suuntaan; kun aukko oli "langoitettu", niin tehtiin toinen korjauslangoitus kohtisuoraan edelliseen nähden, mutta siten, että neula ja sen mukana lanka pujotettiin joka toisen langan ali. Siitä syntyi komea ristikko ja sukka oli taas käyttökelpoinen. (Jos tuntuu liian mutkikkaalta, niin käytännön näytöksen voi tilata tämän jutun tekijältä...) Oppimisvaiheen jälkeen parsinkin aina omat villasukkani, jos vain neulaa ja lankaa löytyi, ja autoin muistaakseni myös sisaruksiani, pienimpiä varsinkin. Koulun käsityöharjoitusten huipentumana olivat toisella luokalla neulotut lapaset, villalangasta tietenkin. Sekin onnistui, joskin minun lapasteni peukalot eivät olleet ihan identtiset.

Pientä kurinpalautusta

Meidän alakoulussa oli tyttöjä ja poikia suunnilleen saman verran. Alkuaikoina tyttöjen seuraa vältettiin kuin *ruttoa*, ja me pojat telmittiin välitunneilla aina omissa porukoissa. Orastava kiinnostus heräsi vasta siinä viidennen luokan paikkeilla, jolloin virittelin pientä *yhteispeliä* nykimällä edessäni istuvaa tyttöä letistä ja välillä potkaisemalla hellästi hänen koulureppuaan, joka roikkui pulpetin selkämyksestä. Tyttöpä näistä operaatioista ärsyyntyi (ei tainnut olla huumori samalla aaltopituudella...) ja valitti opettajalle. Niinpä sitten jouduin koulu-urani ainoaan rangaistukseen – opettajan välituntipuhutteluun.

Toiset oppilaat viettivät taukoa koulun portaikossa, kun oli niin kova pakkanen, ettei tarvinnut mennä ulos. Serkkuni Lauri ilmeisesti halusi antaa minulle pientä sivustatukea, kun hän laukaisi kovalla äänellä samaiselle tytölle:

– Sulla on jalassa isäs´ kirkkohousut!

Hänellä todellakin oli jalassa tummat pitkät housut – tytöillä harvinaista siihen aikaan. Arvioinnin kohde pahoitti mielensä ja rupesi itkua tihertämään. Tämä kaikki kantautui kesken puhuttelun minun rangaistuspaikalleni. Opettajakos hirmustui, hyökkäsi portaisiin ja haki Laurin samaan puhuttelurintamaan kanssani.

– On siinä meillä serkukset! hän puuskahti.

Saimme seisoa luokassa sen välitunnin ja miettiä pahoja tekojamme, ei siitä sen kummempaa seurannut. Olimmehan sentään ahkeruutemme takia hyvissä kirjoissa opettajan silmissä. Siihenkin aikaan oli tytöillä yleensä paremmat todistukset kuin pojilla.

– Tähän täytyy tulla muutos, tuumasimme Laurin kanssa, joka oli samalla luokalla kuin minä, jo koulutiemme alkutaipaleella.

Ja tulihan siihen. En voi tässä(kään) kohdassa välttyä itsekehulta, mutta Laurilla ja minulla oli aina luokan parhaat todistukset.

Eipäs sentään! Jouduinhan minä toisenkin kerran lievän kurinpitotoimenpiteen kohteeksi. Se oli ekaluokalla (ja siis järjestyksessään ensimmäinen, mutta kuitenkin vain yhteisrangaistus). Olin menossa kävellen kouluun, kun yhtäkkiä kaksi tokaluokkalaista tyttöä (toinen oli kaiken kukkuraksi serkkuni) hyökkäsi kimppuuni ja yritti tönäistä (eli *myyvittää,* niin kuin meillä myös sanottiin) minut tienposkeen ellei peräti ojaan. Ajattelivatko mahdollisesti isoina tokaluokkalaisina minun keltanokan tarvitsevan pientä ennaltaehkäisevää kurinpalautusta, tiedä häntä. Olin kuitenkin jo siihen aikaan lukenut lukuisia lännenkirjoja ja intiaaniseikkailuja, joten reagoin asiaan salamannopeasti niiden opettamalla tavalla: otin ensin toisen ja sitten toisen rautaiseen otteeseen ja pukkasin heidät vuoron perään "hyvässä järjestyksessä" ojaan. Sieltä ne sitten kömpivät ylös ja latelivat kamalia uhkauksia:

– Me kyllä kerrotaan opettajalle!

Ja niinhän ne tekivätkin. Opettaja oli sentään niin demokraattinen, että sain puolustuspuheenvuoron, minkä jälkeen seurasi Salomonin tuomio: meidät määrättiin kaikki kolme katumaan ja seisomaan arestia kymmenen minuuttia siinä muun tunninpidon ohessa. Ekaluokan opettaja oli muuten eri kuin edellä mainitsemani ylempien luokkien opastaja. Molemmat olivat hyviä ja ammattitaitoisia, ei jäänyt mitään hampaankoloon.

Tähän mennessä on jo käynyt ilmi, että meitä serkkuja oli koulussamme useampia, muistini mukaan yhtä aikaa ainakin kahdeksan. Sotien jälkeen perheet olivat isoja, puhuttiin suurista ikäluokista. Asuntopula oli kova, meilläkin pienessä mökissä asui äiti ja isä sekä yksitoista lasta. Sen lisäksi sinne majoittui tilapäisesti enon perhe, viisi henkeä. Eipä siinä tilaa ollut henkeä kohti kuin kaksi kolme neliömetriä. Illalla nukkumaan mentäessä piti tarkkaan suunnitella, mihin *tehtäisiin tila* (eli nukkumapaikka). Meitä lapsia nukkui yhdellä hetekanpuolikkaalla kolme kappaletta (kokonaisina kuitenkin...), kaikki samalla kyljellä. Kylkeä käännettiin sitten yhteisestä sopimuksesta.

Mutta milloinkaan ei uni ole ollut niin makoisaa kuin tuohon aikaan. Kenelle ei riittänyt sänkytilaa, heille järjestettiin paikka *siskonpetille* lattialle. Jos yöllä tuli asiaa huussiin tai nurkan taakse, niin piti asetella jalkansa tarkasti, ettei polkaissut nukkuvien päälle. Siihen aikaan ei ovia lukittu yöksi eikä päiväksi. Niinpä joskus aamulla kun herättiin, niin huomattiin tutun kulkumiehen nukkuvan pöydän alla. Hän oli hiipinyt yöllä sinne, kun muualla ei ollut vapaita neliöitä. Silloin ei sentään enon perhe enää asustellut meillä.

Nukkumiseen liittyy yksi vähän *ambivalentti* (kaksijakoinen, kaksinainen), muisto. Kesällä me lapset nukuimme yleensä ullakolla, jossa oli runsaasti tilaa; ilma oli raikas, paitsi helteisen päivän jälkeen aluksi varsin kuuma, kun aurinko oli porottanut koko päivän pärekattoon. Sitä pitikin pitää vähän silmällä, ettei vain piipusta lentänyt kipinä sytyttäisi kattoa tuleen. En muista meillä sillä tavalla käyneen.

Entäpäs se erikoinen nukkumistapaus? Asia vaatii sen verran pohjustusta kerrottavaksi, että meillä oli yleensä ainakin yksi *kissa* hiiristä "huolta" pitämässä. Kerran kissalla oli vatsa löysällä, ja niinpä siltä oli karannut vintillä se isompi asia meidän nukkumaviltin päälle. Kun onnettomuus havaittiin, niin kukaan meistä ei katsonut olevansa sen kummemmin *velvollinen* siivoamaan jälkiä. Oli ilmeisesti sen verran lämmin kesä, että pärjättiin ilman vilttiäkin, kun se ei sattuneesta syystä oikein kiinnostanut. Ilmojen viiletessä sitten todettiin, että kissan *tuotos* oli jo kuivahtanut, eikä edes tuoksunutkaan, ainakaan erityisemmin. Kun villttejä ei ollut valittavaksi asti, niin otimme sen kovan onnen peiton käyttöön, kuitenkin varoen sitä kissan "käsittelemää" kohtaa. Kerran kuitenkin joku sisaruksista (en muista muuta kuin etten se ollut minä) parkaisi:

– Karkeeseen kävi! kun se huono-onninen peiton kohta sattui hipaisemaan hänen ihoaan. Kaipa se kohta sitten pehmenikin ajan mittaan – tai ehkä opimme paremmin varomaan...

Koululiikuntaa ja vilskettä välitunnilla

Talvella kouluun tultiin usein *hiihtämällä* ja sitä harrastettiin myös välitunneilla. Miten pitkiä ne lienevät olleenkaan, kun ehdimme koulun viereiselle Revonmäelle mäenlaskuunkin? (Sinne taidettiin mennä ruokatunnilla, joka oli pidempi kuin tavallinen välitunti.) Sitten kun opettaja kilisytti välituntikelloa, niin heti tietysti sujuteltiin takaisin tunnille. Oli se mäki niin jyrkkä ja suorastaan pelottavan tuntuinen, että minä en vanhoilla mäystinsuksillani liukkaalla kelillä uskaltanut siitä laskea. Nahkaisissa *mäystimissä* näet sukset nuljuivat helposti sivusuunnassa, joten hurjassa rinteessä se usein tiesi nurinmenoa kovassa vauhdissa. Suvikelillä, kun vauhti oli minimissään, kävin sitten kokemassa rinteen vauhdin hurmaa lievemmässä potenssissa.

Suksiasiassa minulle muuten sattui aika paha takaisku, taisi olla kolmannella luokalla. Isä oli ostanut ihan *uudet sukset*, ja hiihdin niillä onnellisena kouluun. Aivan koulun toisella nurkalla oli kallionnyppylä, aika jyrkkä mutta paljon pienempi kuin Revonmäki. Siinä ehti lyhemmälläkin välitunnilla mäenlaskuun. Niinpä minäkin hurautin uusilla sivakoillani rohkeasti rinnettä alas. Pahaksi onneksi yöllä oli satanut reilusti uutta lunta, johon pöpelikköön sitten sukseni kärki tarttui. Seurauksena oli kova mukki eli *akka* mäenlaskutermeillämme ilmaistuna. Kun sitten sieltä hangesta kömmin ylös, niin huomasin kauhukseni, että toisen suksen kärki oli mennyt irtipoikki, eikä sitä etsinnöistä huolimatta löytynyt ennen kuin keväällä lumien sulettua. Seuraavaksi talveksi korjasin sen liittämällä kärjen paikalleen pellin ja naulojen avulla. Eihän siitä entisen veroista tullut. Siinä sai hiihtoura melkoisen takapotkun, kun se kärki tuppasi heilumaan, hyvä että kiinni pysyi.

Pakollisiin hiihtokilpailuihin jouduin sitten lainailemaan vanhempien sisaruksieni isoja suksia. Arvata saattaa, että menestys ei ollut kummoinen (hiihto onkin välineurheilua...), joten jatkoin urheilu-uraani sittemmin *juoksijana.* Kenkiähän ei tarvinnut tervata, ei voidella eikä kärkiä käyristellä, niin kuin siihen aikaan suksien kanssa piti pelata. Eikä me kesällä usein pidetty kenkiäkään, vaan pisteltiin menemään paljain jaloin soratiellä. Ei siinä kengän pohjat kuluneet; päin vastoin: nahka vain paksuni jalkapohjissa.

Meni minulla kerran liiankin hyvin oppikoulussa oman luokan hiihtokilpailuissa. Silloin minulla sattui olemaan kunnon sukset, oikein Esko Järviset hikkorireunoi*lla* ja Voitto-sitei*llä*, kuten vähemmän hyvällä suomen kielellä sanottiin. Muita sidemalleja olivat siihen aikaan *rotanloukut*, joilla voitettiin kultamitaleita jo vuonna 1928 Sankt Moritzin talviolympialaisissa, ja uusimpana *Y-side*. Voitotkin (siis siteet) löivät kirkkaasti mäystimet, joten varustepuoleni oli sillä kertaa kunnossa.

Joensuun lyseon *hiihtokisat* pidettiin aina urheilukentän takaisessa Mehtimäen maastossa, jossa ei liiemmin mäkiä ollut. Se osoittautuikin minun edukseni, koska juoksupuolella hankittu peruskuntoni oli hyvä; mäkien kiipeily oli sitten eri juttu. Lähdimme aina pareittain, minuutin välein. Parikseni osui pitkä kaveri, Laurosen Lasse, joka oli luokkamme parhaita hiihtäjiä. Hän lähti vetämään edellä vuorohiihtoa pitkin, rauhallisin potkuin. Minä lonksuttelin perässä samaa tahtia. Ihmettelin että miten minä en jäänytkään jälkeen siitä hiihtohirmusta. Maaliin tulimme peräkanaa – enhän minä sentään ohi uskaltanut yrittää. Kaverini sijoittui kisassa toiseksi ja minä kolmanneksi; yllätyssijoitus minun osaltani.

Miten niin meni liian hyvin? No kun kolme parasta nimettiin automaattisesti luokan *viestijoukkueeseen* Joensuun koulujenvälisiin. Minua ei olisi yhtään hotsittanut lähteä sinne reutomaan, kun tiesin etten minä mikään hiihtäjä ollut. Sanoinkin opettajalle, että minä en kyllä viestissä hiihdä! Hän totesi vielä pontevammin, että sinähän hiihdät! Voitte arvata, miten siinä kävi...

Hiihdin toisen osuuden. Viestimme aloittajan voitelu meni pommiin. Lipsuvin suksin hän lähetti minut jälkijoukoissa matkaan. Vetelin sen minkä jaksoin ja ohitinkin pari kolme joukkuetta. Vaihtopaikalle tullessani pää oikein *höyrysi,* kun minulla ei ollut hiihtopipoa, ainoastaan talvinen jokapaikan päähineeni karvahattu. Ankkurimme hiihti kohtalaisesti, mutta kunnon sijoitukset olivat karanneet jo ensimmäisellä osuudella. Ei se minua haitannut; kokemushan sekin oli, hiihtää vastentahtoisesti viestijoukkueessa.

Minä suksittelin alaluokkien sarjassa. Veli-Paavo oli ylemmässä sarjassa, joukkueensa avaajana. Hän tykkäsi taistella mies miestä vastaan, ja siihen oli tilaisuus nimenomaan viestin avausosuudella. Siihen aikaan ei hiihtokisoissa harrastettu mitään yhteislähtöjä. Paavon luokalla oli hyviä hiihtäjiä, joten he kuuluivat ennakkosuosikkeihin. Kun sitten aloittajat sukelsivat metsän siimeksestä näkyviin vaihtoalueelle, niin velipoikahan siellä riuhtoi ensimmäisenä; minä tietysti kiljuin kannustusta täyttä kurkkua. Sama tahti jatkui sitten kahdella muullakin osuudella, joten siinä sarjassa voitto tuli lyseoon.

Lisää koulumuistoja

Koulussa oli eri *meininki* kuin nykyään. Kun opettaja kysyi, viitattiin (jos luuli tietävänsä...) ja noustiin reippaasti seisomaan pulpetin viereen. Vastata piti kuuluvalla äänellä, kokonaisilla lauseilla ja kirjakielellä. Mikään "myö, työ, hyö / mää, sää" ei tullut kysymykseen. Itselleni taisi se kuuluva äänen käyttö iskostua liiankin hyvin mieleen, kun vaimo väitti minun ollessani puhelimessa, että viesti olisi kuulunut perille varmaan ilman lankojakin. (Taisi olla ennustaja, koska nythän se todella menee langattomasti...).

Kuri ja järjestys oli koulussa A ja O (eli kreikkalaisten aakkosten mukaan alfa ja omega). Varsinkin oppikoulussa luokat olivat niin suuria (jopa 45 oppilasta!), että eihän siitä mitään olisi tullutkaan, jos tunnilla jokainen olisi hölöttänyt mielensä mukaan. Opettajien kurinpitokyky tietenkin vaihteli. Ikävin tapaus kohdallani oli entinen nyrkkeilijä, jolta opinnot olivat jääneet kesken (oli siis paljon puhuttu "ikuinen ylioppilas"). Itsetuntoaan kohottaakseen hän piti *spartalaisen* kurin. Hänen ollessaan välituntivalvojana jonot koulun ulko-oven edessä olivat mallikelpoisen suorat, kuin itsenäisyysparaatissa konsanaan. Toiset opettajat kurkkivat ikkunoista sitä ihmettä. Tunnilla vallitsi hiirenhiljaisuus, ja toimintatavoissakin oli erikoisia piirteitä. Opin mm. sen, että fysiikan laskun lopputuloksen alla piti olla kaksi viivaa; minulla oli vain yksi, ja näin ollen täysin oikeasta tuloksesta en saanut kuin puolikkaan pisteen.

Tämä kuri perustui *kauhun* tasapainoon, mikä ei varmaan ole paras tapa edistää luovuutta ja oppimista. Pientä pelkoa herätti myös lukion ruotsin kielen opettajamme Elli Kahila, hauraan näköinen vanhempi rouva. Häntä ei pelätty nyrkkien takia, vaan hän huokui kerta kaikkiaan sellaista *auktoriteettia*, että partasuu-lukiolaisenkin polvet notkuivat, jos ei tiennyt oikeata vastausta pulpetista noustessaan. Huumorin käytölläkin pysyi ihan riittävä järjestys. Kun mukava voimistelunopettajamme Ilmari Jokinen ("Imppa") saapui voimistelusalin eteiseen, jossa olimme pukeutumassa urheiluhousuihin ja -paitaan, hän karjaisi:

– Valmistautukaa telinejumppaan! Aikaa ei ole yhtään, ja siitäkin on puolet jo kulunut!

Voimistelutunti aloitettiin muuten aina tekemällä suora rivi ja ottamalla luku. Kerran eräs kaveri järjesti hauskan tapauksen; kun edellinen oppilas karjaisi "20", niin tämä veijari hihkaisi omalla vuorollaan: *ventti!* Seuraavalta pojalta jäi vähäksi aikaa suu auki, ennen kuin hän muisti, että sehän tarkoittaa korttipelissä numeroa 21. Opettajaakin nauratti, ja sillä siitä selvittiin.

Veistonopettajalle ei moisia kujeita olisi voinut kuvitellakaan. Hän ei ollut mitään kansanmiehiä, varsinaiselta ammatiltaan kuvataiteilija, eikä aina jaksanut antaa työohjeita ihan viimeistä piirtoa myöten. Taisin olla toisella luokalla oppikoulussa, kun sain varsin *mystisen* tehtävän. Piti tehdä puusta jonkinlainen esine, jossa piirustuslaudalla oli suorakulmio ja lisäksi kaarevia, irrallisia lisäkkeitä. Työ ei tahtonut oikein edistyä, kun en hahmottanut, mitä siitä oikein pitäisi tulla. Ihan hirvitti mennä veistotunnille. Sahailin ja höyläilin ajankulukseni lautaa, johon piti vielä tehdä taltalla uria. Ajan kanssa sain taiteilijalta sen verran lisäohjeita, että työ valmistui ennen kevätjuhlaa. Kun osat petsattiin kauniin ruskeiksi ja liitettiin yhteen, niin hämmästyksekseni siitä tuli ihan kunnollisen näköinen *kirjeteline.* Kun ne kaarevat osat tökättiin pystyyn niitä varten tehtyihin uriin, niin niiden väliin sopi sitten asetella kirjeitä, jos niitä kenelle tuli...

Toinen vähän kafkamainen tehtävä tuli *piirustustunnilla.* Opettaja sanoi, että nyt pojat piirretään kuva takasta! Ihan vapaasti vaan, kukin saa tehdä sellaisen kuin haluaa. Minulla alkoi tuskan hiki kihota otsalle. En näet tiennyt, millainen takka oikein on, eikä sitä ilennyt tunnustaakaan sen paremmin opettajalle kuin luokkakavereillekaan. Ei meidän kylässä kenelläkään ollut takkaa. Jos olisin käynyt Pohjanmaalla, niin siellä niitä olisi ollut vähän joka talossa, mutta ei Helena siinä vaiheessa vielä ollut kutsunut käymään... No, yritin vedellä joitain epämääräisiä viivoja piirustuspaperille. Opettaja kierteli katsomassa töiden edistymistä ja antoi minulle kehotuksia vähän parantaa vauhtia. Kyllä se kaksoistunti tuntui pitkältä olematonta takkaa kehitellessä. Onneksi lopulta pelastava välituntikello pärähti soimaan, eikä seuraavalla piirustustunnilla enää kyselty mitään takasta.

Niin, 50-luvullahan käytiin vielä *kansakoulua.* Se oli kuusivuotinen, minkä jälkeen tulivat jatkokurssit ja myöhemmin 1 – 2 vuotta (vaihteli vähän paikkakunnittain) kestävä *kansalaiskoulu,* jossa opetus oli käytännön läheistä ja työelämään valmistavaa. Neljännen luokan jälkeen voi pyrkiä pääsykokeiden kautta *oppikouluun.* Minä menin vasta viidenneltä, kun piti odottaa, että Rauni-sisko saisi valmiiksi menestykselliset keskikouluopintonsa. Muuten meitä olisi ollut yhtä aikaa kolme oppikoulun kävijää, mikä olisi tietenkin tullut kalliimmaksi. Vaikka saimme vapaa-oppilaspaikat, niin kaikki kirjat ja koulutarvikkeet piti ostaa itse. Onneksi pystyimme käyttämään samoja kirjoja. Ruotsin kirja kului ahkerassa käytössä niin, että siitä tuli irtolehtipainos. Myös junamatkat tulivat hintoihinsa. Erikoinen piirre koulujärjestelmässä oli, että tyttöjen keskikoulu kesti kuusi vuotta, mutta poikien vain viisi; tytöillä oli näet enemmän käytännön aineita. Tytöt kävivät tyttölyseota ja pojat poikalyseota. Yhteiskoulut olivat vielä aika harvinaisia.

Näin leikittiin ennen vanhaan

Perheessämme oli kaiken kaikkiaan seitsemän tyttöä ja neljä poikaa. Tytöillä oli omat leikkinsä ja harrastuksensa ja meillä pojilla usein omamme. Kun asuintilat olivat pienet, niin paljon oltiin ulkona, varsinkin kesällä.

Yhteisiä touhuja

Oli niitä yhteisiäkin leikkejä, kuten *piilosillaolo* (etsijä pani kädet silmilleen ja laski viiteenkymmeneen, jona aikana toiset etsivät parhaan mahdollisen piilon) ja *vinkki* (siinäkin joku etsi piilossa olevia kavereita; kun yksi löytyi, hän joutui tulemaan kotipesään ja huutelemaan "vinkkiä", sillä aikaa kun etsijä koetti löytää lisää piilottelijoita; kun joku piilossa olija vinkkasi kädellään avun tarvitsijalle, tämä sai taas karata piiloon etsijän silmän välttäessä).

Mustaa miestä leikittiin, kun oli runsaasti lapsia paikalla; koulussa se opittiin. Sovittiin, kuka oli ensiksi "musta mies". Sitten muut asettuivat riviin reilun viiden metrin päähän tuosta kiinniottajasta, joka huusi: "Kuka pelkää mustaa miestä?!" Toiset läksivät juoksemaan häntä kohti ja kiljuivat "eiii pelätä...!" ja yrittivät pujotella ohi. Kun ensimmäinen juoksija jäi kiinni, hän ryhtyi auttamaan kiinniotossa seuraavan ryntäyksen aikana. Kun viimeinenkin juoksija oli saatu kiinni, niin joko ensiksi tai viimeiseksi (hän oli yleensä nopeimpia juoksijoita) kiinni saatu muuttui sitten mustaksi mieheksi.

En tiedä, voiko tätä leikkiä enää nykypäivänä harrastaa, kun pitää olla niin varovainen, ettei vain harrasteta minkäänlaista syrjintää. Minkä näköinen se musta mies olisi ollut, ei tullut sen tarkemmin mieleenikään, ehkä ajattelin lähinnä nokikolaria, jolla oli musta haalari ja naamakin usein nokinen. Kaikki oli vain lasten leikkiä. *Neekeri*-sanakin oli aivan yleisessä käytössä, eikä sitä paheksunut kukaan. Mutta kielenkäyttö muuttuu ajan mukana. *V*-sanan käytöstä olisi koulussa varmasti saanut jälki-istuntoa ja käytösnumeron alennuksen, mutta nykyään se tuntuu kuuluvan lasten ja nuorten vakiosanastoon.

Piilosilla oloa on myös *kymmenen tikkua laudalla* -leikissä, mutta sitä en muista leikkineeni. Taisi tulla muotiin vasta myöhemmin. Omien siskojen kanssa leikittiin myös *kotia*. Meillä olikin pihamaamme reunassa siihen ihanteellinen paikka: *leikkikivi*. Salama oli aikoinaan iskenyt isoon, litteään kivilohkareeseen ja halkaissut siitä paksun siivun, joka sitten oli keikahtanut vinosti kallelleen jäljelle jääneen kiven reunaa vasten. Siitä muodostui jännittävä *luola*, jonne me pienet aivan hyvin mahduimme ryömimään.

Koti järjestettiin kiven laakealle osalle, johon mahtuivat niin keittiö ja ruokailuvälineet kuin käpylehmät ja lampaatkin. Äiti keitti ruuat ja siivosi paikat, isä hoiti eläimet ja toimitti polttopuut hellaan ja leivinuuniin. Isän velvollisuuksiin kuului myös kurinpito, jos lapset eivät muistaneet olla kiltteinä. Äitinä oli useimmiten Pirkko-sisko ja minä hoitelin isän virkaa. Lapset olivat kuvitteellisia roolihenkilöitä, mikä oli helpoin ratkaisu. Kaksi nuorinta siskoamme olivat aluksi vielä liian pieniä ja siksi toisekseen eivät varmaan olisi olleet yhtä tottelevaisia kuin leikkilapsemme. Leikkikivi on vieläkin olemassa, mutta vaikuttaa paljon pienemmältä kuin aikoinaan ja alkaa hautautua kasvillisuuden sekaan.

Leikit olivat enimmäkseen liikunnallisia, kuten vaikkapa *narun* ja *ruudun* hyppääminen. Narun pyöritys alkoi keväällä heti kun pihamaalle ilmestyi sulia paikkoja. Enimmäkseen hypättiin pitkän narun avulla, jonka kummassakin päässä tarvittiin pyörittäjä. Hyppääjät odottivat jonossa vuoroaan, ja mukaan piti päästä vauhdista; ihan pienet eivät siihen vielä pystyneet. Jokainen loikki esimerkiksi sovitut kymmenen kertaa, sitten oli seuraavan vuoro. Hyppiminen oli hauskempaa kuin narun pyörittäminen, joten piti tarkkaan sopia, milloin "työvuoro" vaihtui. Yksinkin treenattiin narun avulla, jos vain sopivan pituisia naruja löytyi. Tämä erinomainen harjoitusmuotohan on nykyään erityisesti nyrkkeilijöiden suosiossa.

Talvisaikaan illat olivat pitkät ja pimeät. Meidän perheen lapset olivat enimmäkseen ahkeria lukijoita ja vakituisia kirjastossa kävijöitä. Suosiossa olivat myös *arvausleikit,* joita löytyi monista kirjoista. Ennen pitkää kuitenkin arvoitukset alkoivat tulla tutuiksi, ellei sattunut löytymään jokin uusi tietolähde. Itsekin niitä keksittiin. En ole ihan varma, olenko itse keksinyt seuraavan, vaikka niin oletankin: Metsässä ei liikahda lehtikään, vaikka on kova tuuli. Miten se on mahdollista? Vastaus: on talvi, ja lehdet ovat tippuneet puista.

Olimme myös kovia *laulamaan* yhdessä iltaisin. Kouluikäiset oppivat lauluja koulussa ja opettivat niitä sitten nuoremmille kotona. Maakuntalaulut osattiin ulkoa, samoin Ratiriti rallaa, joulupukille laulettavat laulut, Karjalan kunnailla ja niin edelleen. Eka luokalla lauloin koulun laulukokeessa ”Lauri oli poikanen, mökin matalaisen...” Muistan kuinka eräänä päivänä yläluokasta kuului tytön kirkkaalla äänellä laulama ”Jo Karjalan kunnailla lehtii puu...” Sylvi-serkku se siellä oli laulukokeessa; taisi saada kympin siitä suorituksestaan. Hän oli todella hyvä laulamaan.

Laulamisesta puheen ollen, voin kertoa että sain tähänastisen laulajaurani ainoan henkilökohtaisen *rahapalkkion* viisivuotiaana. Kylämme pyhäkoulukuoro esiintyi Joensuussa muistaakseni adventtikirkossa. Meitä oli opetettu laulamaan reippaasti, ja senhän me teimmekin. Esiintymisen jälkeen yksi rouva tuli tervehtimään minua ja antoi palkkioksi yhden *markan.* Kiittelin tietysti lahjoituksesta, joka muodosti pohjakassan tulevaisuuden säästöilleni. En tiedä, lauloinko minä kovempaa kuin toiset, mutta olin kai pienin pellavapää koko porukasta; liekö kiltti rouva siitä heltynyt.

Kuoromme johtajana oli aikaisemmin viinan kiroista kärsinyt kylänmies, joka raitistui uskoon tultuaan ja alkoi pitää *pyhäkoulua.* Hän kertoi paljon Herrasta. Minä ajattelin, että minä kyllä tiedän, ketä hän tarkoittaa: kylän raitilla nimittäin käveli silloin tällöin oikein herran näköinen mies keppi kädessä ja lierihattu päässä. Tämä mies oli runoilija ja professori Unto Kupiainen, joka oli jonkin aikaa opettajana kansanopistossa. Hän osasi olla myös varsin kansanomainen. Myöhempi työkaverini opistolla, Pölösen Eino, kertoi olleensa samaan aikaan kaimani kanssa saunassa. Silloin ei vielä ollut peflettejä keksitty. Niinpä runoilija oli pannut sanomalehden takamuksensa alle. Sitten kun hän oli kyykistynyt heittämään löylyä kiukaalle, niin Eino oli alkanut tavata uutisia saunakaverin takapuolesta. Teksti oli näet tarttunut sinne märästä lehdestä. Lukeminen ei varmaankaan ollut ihan helppoa, koska teksti ymmärtääkseni oli uudella alustalla peilikirjoituksena.

Tyttöjen spesiaalit

Ruudun hyppääminen oli enimmäkseen tyttöjen heiniä, mutta kyllä me pojatkin sitä joskus kokeiltiin, jos ei ollut parempaa tekemistä. Pihamaahan vedettiin tikulla ruudut, joiden määrä ja ryhmittely saattoi vaihdella, mutta usein muoto oli tämä: ensin yksi aloitusruutu, sitten vierekkäin kaksi ruutua, niiden perään yksi ruutu, seuraavaksi kaksi ja lopuksi yksi ruutu. Aloitusruutuun heitettiin pieni laudanpala tai litteä kivi (mitä nyt sattui löytymään), jota hyppääjä sitten yhdellä jalalla loikkien tökki seuraaviin ruutuihin. Jos kivi ei mennyt oikeaan ruutuun, tuli seuraavan yrittäjän vuoro. Tuollainen yhdellä jalalla hyppely nosti kuntoa ja kehitti koordinaatiota, vaikka emme me silloin sellaista sanaa olleet kuulleetkaan. Koulujen pihoihinkin piirrettiin hyppyruudut, jotta välitunneilla voi jatkaa tuota harrastusta. Me pojat hyppäsimme koulussa sen sijaan usein vauhditonta *kolmiloikkaa*.

Tytöt leikkivät sisällä usein *nukeilla*, joita ei kenelläkään yleensä ollut kuin yksi tai kaksi (Molla-Maija on jäänyt parhaiten mieleeni). Lisäksi lehdissä oli paperinukkeja, joita sitten leikattiin irti ja tehtiin niille myös lisää vaatteita omin voimin.

Poikamaisia puuhia

Meitä poikia eivät moiset touhut kiinnostaneet. Me teimme puisista lankarullista (eli rihmarullista) *traktoreita*. Pienin konstein rulla saatiin mönkimään eteenpäin kuin oikea traktori ikään. *Tarvikelista* oli seuraava: Puinen rulla (myöhemmät muoviset eivät soveltuneet traktorituotantoon, koska niihin ei saanut lyötyä kiinni pientä naulaa), pala kynttilää, pieni naula ja ohut kumirenksu. Pyöreä kynttilänpala saatiin sahaamalla tavallisen kynttilän alapäästä noin sentin siivu irralleen. Kumirenksu saatiin leikkaamalla vanhasta polkupyörän sisäkumista. Sopivan pienen naulan löytäminen oli joskus hankalin ongelma. Niin, ja tarvittiinhan vielä yksi tulitikku, tai jokin saman kokoinen ohut puutikku.

Sitten päästiin *rakentamaan* itse traktoria: Puurullan reunoihin (siis traktorin pyöriin) tehtiin puukolla pykälät paremman pidon saamiseksi. Toiseen ulkoreunaan nakutettiin vasaralla pieni naula, johon kiinnitettiin kumirenksu. Sen toinen pää työnnettiin rullan läpi sen keskellä olevasta reiästä. Kynttilänpalaan koverrettiin keskelle reikä, jonka läpi työnnettiin kumirenksun toinen pää. Renksun pään ja kynttilän väliin pujotettiin tulitikku, jota myötäpäivään veivaamalla saatiin "moottori" viritettyä. Kun ihmelaite päästettiin vapaaksi lattialle, se alkoi kumirenkaan virityksen purkautuessa mönkiä eteenpäin. Kynttilän liukkaus teki mahdolliseksi pyörivän liikkeen. Hauska lelu mielestäni ja rakentaminen mukavaa askartelua.

Ensimmäisten pälvien ilmaannuttu pihamaalle me pojat aloitimme myös *tikunheiton*. Tarkemmin sanottuna tikkua ei suinkaan heitetty, vaan se tökättiin pystyyn maahan, ja sen lähelle heitettiin *lanttia*. Kuka sai lanttinsa lähimmäksi tikkua, oli voittaja. Parhaita lantteja olivat vanhat, isokokoiset kolikot, jotka sai hyvin pyörimään ilmassa (alakierteellä) ja läiskähtämään tukevasti usein vielä märkään maahan. Jokainen sai kuitenkin pitää omat kolikkonsa; ei meillä ollut varaa uusiin. Vanhasta taidosta oli hyötyä kuusikymmentä vuotta myöhemmin, kuin voitin Pohjanmaalla pidetyillä synttäreillä pidetyn heittokilpailun ja samalla taskut täyteen muiden kilpailijoiden kahdenkymmenen sentin kolikoita. Niitä oli sitten hyvä jaella Savonlinnan oopperajuhlilla Unicefin ja Punaisen ristin rahankerääjien lippaisiin.

Kovassa suosiossa oli myös *seinänpeluu*. Siinä käytettiin pienempiä kolikoita, joita yksi kerrallaan iskettiin talon ulkoseinään, josta se kimposi maahan. Seuraava iskijä yritti saada oman kolikkonsa mahdollisimman lähelle edellisen lyöjän lanttia. Jos kolikot olivat lähempänä kuin vaaksan mitan toisistaan (se mitattiin tarkasti ja vaaksaa venytettiin äärimmilleen), niin jälkimmäinen pelaaja oli voittanut ja saanut toisenkin kolikon omakseen, jos olisi pelattu *totta*. Me kuitenkin pelasimme *leikkiä*, koska kolikot olisivat saattaneet kertyä yksiin taskuihin ja se olisi ollut pelin loppu. Todisteena ahkerasta seinänpeluusta olivat meidän ja naapurin mökin seinissä kolikoista jääneet lukemattomat renkaat. Toisinaan saimme myös tilapäisen pelikiellon, ettei aiheuttamamme kolina olisi häirinnyt vauvan nukutusta sisätiloissa.

Kalastava kivikomppania

Viisikymmenluvulla ei vielä tunnettu asvalttiteitä, sorapintaisia reittejä autotkin ajelivat. Linja-autoja kulki silloin tällöin, mutta yksityisautot olivat hyvin harvinaisia. Meidän kylällä sellainen oli vain apteekkari Mannelinilla. Kun tie oli täynnä mutkia ja myös yleinen lasten leikkipaikka, niin apteekkari töräytti ennen jokaista mutkaa äänitorvea, jotta tiesimme raivautua pois alta tien poskeen. Äänitorvessa oli trumpetin kaltainen, kaunis sävel. Muutaman kerran pääsin koulumatkallani apteekkarin kyytiin. Se oli ihana kokemus, josta tietysti piti kertoa kotona.

Mestariheittäjät

Sorateillä oli tietysti myös kiviä, jotka tuntuivat sopivan mukavasti meidän poikien käteen ja suorastaan vaativat lentoon pääsyä. Niinpä me sitten niitä *heittelimme* milloin mihinkin kohteeseen tai sitten vain katsoimme, miten pitkälle itse kukin sai kiven lentämään. Järven rannalla kelpo suoritus oli saada kivi lentämään lahden toiselle rannalle. Piti etsiä sopivan litteä kivi, haistella sopiva tuulen suunta, niin sitten se kivi kolisi toisen rannan kivikossa. Siinä touhussa heittokäsi tuli rautaiseen kuntoon ja kesti heittämistä vaikka päiväkaudet. Talvella tietysti paiskeltiin lumipalloja, aina kun oli suvikeli. *Lumisota* käynnistettiin, kun oli vähintään yksi kaveri ulkona. Lumesta rakennettiin puolustusmuureja, joiden takaa sitten oli hyvä pommittaa "vihollisia". En muista, että olisi sattunut mitään isompia vahinkoja, sillä kirjoittamaton laki oli, että liian kovia palloja ei saanut heittää.

Kerran talvella lumileikeissä minulla oli *hengenmeno* lähellä. Jossakin oli korkea lumikasa, jonka päällä leikimme kukkulan kuningasta. Sehän tarkoitti sitä, että jokainen yritti tyrkkiä toiset alas kasan päältä. Joku tyrkkäsi minua, niin että tipahdin pää edellä paksuun hankeen. Upposin sinne todella syvälle, enkä pystynyt hengittämään lainkaan. Se oli kyllä kauhea tunne! Onneksi Veikko-veli huomasi tukalan tilanteeni ja kiskoi minut nilkoista ylös. Taisinpa jättää leikin sikseen ja lähteä sisälle lukuhommiin.

Kesällä suosittua puuhaa oli *tarkkuusheitto* aidanpylvään päähän asetettuun lasipulloon. Taitavin heittäjä (kuka milloinkin, tuurillakin oli merkitystä) sai pullon räsähtämään rikki ensimmäisenä. Näin jälkikäteen ajateltuna se oli tyhmää puuhaa, mutta silloin ei ollut pullonkeräyksiä eikä niistä maksettu panttirahoja. Muussa tapauksessa olisimme varmasti vieneet ne pullot keräykseen, sen verran tiukassa taskurahat sentään olivat.

Sattui minulle ikävä *tapaturmakin*, joka johtui nimenomaan pullonsärkijäisistä. Jostain syystä minulla oli asiaa sen aidan toiselle puolelle, jonka pylvään päästä olimme vastikään kivittäneet pullon rikki. Ryömin polvillani piikkilanka-aidan alitse, ja silloin se tapahtui: Piikkilangan kohdalla oli rikkoontunut pullonpohja, josta törötti aikamoinen, terävä lasipiikki ylöspäin. Ja sehän löysi paikkansa, niin kuin Sven Tuuvan rintaan osunut luoti Välskärin kertomuksissa, elikkä tässä tapauksessa polvilumpion vieressä olevaan nivelkuoppaan. Ei se heti kovin paljon kirpaissut, mutta kun näin, miten luu paistoi haavan pohjalla, niin läksin kauhistuneena juoksemaan kotiin.

Puolisen kilometriä taisi olla matkaa, mutta *säikähdykseni* ilmeisesti vaikutti niin, että kipu ja verenvuoto alkoi vasta kotona. Äiti tietysti lohdutteli ja kääri rätin polveni ympärille verenvuodon tukahduttamiseksi. Kesti se muutaman viikon, ennen kuin haavan päälle tuli suojaava rupi, josta sitten jäi jäljelle iso, vaalea arpi. Nykyäänhän olisi menty lääkäriin, joka olisi ommellut haavan umpeen, mutta mitenkä siihen aikaan olisi yhtäkkiä päästy tohtorin puheille. Vähän aikaa jouduin joka tapauksessa jättämään juoksut ja räiskimiset pois ohjelmasta. Muistoksi jäi pysyvä arpi polveen.

Terveinä päivinä meitä oli neljä nassikkaa kiviä heittelemässä: naapurin pojat Reino ja Teuvo sekä isoveljeni Paavo ja minä. Ilmeisesti meidät tavattiin kivet kourassa aika usein, kun naapurissa asuva Pitkäsen Valte risti meidät *kivikomppaniaksi.* Eikä se turha nimitys ollutkaan, sillä ei meille moni muu kylän poika pärjännyt, kun rannalla pidettiin lahdenyli-heittokilpailuja.

Iho kananlihalla

Toinen *vahinko* kivenheitossa sattui minulle ja kanalle. Sen seurauksena ihoni taisi mennä vähäksi aikaa kananlihalle. Näin se tapahtui: Oli aurinkoinen sunnuntai-iltapäivä, rauha maassa ja minä olin jostain syystä yksin kotona. Meillä oli kotimökin nurkalla kasvimaa, joka tuotti vitamiinit kesäiseen ruokapöytäämme. Meitä lapsia oli kehotettu tarkasti vartioimaan, ettei ainokainen kanamme pääsisi kasvimaata kuopsuttamaan ja siten satoa turmelemaan. Havaitsin kauhukseni, että nyt se kanan pannahinen on puikahtanut kasvimaalle pahantekoon.

Pelastavat toimet olivat nyt minun harteillani, kun muita ei ollut kotona. Alan miehenä nappasin kouraani ensimmäisen litteän kiven, joka silmiini osui, ja viskasin pelokkeeksi tarkoitetun heiton kanaa kohti. Kivi liiteli kauniissa kaaressa maalin suuntaan – ja napsahti pahaksi onneksi suoraan siipikarjamme edustajan takaraivoon. Seurauksena kana *keikahti* kumoon ja jäi maahan makaamaan jalat taivasta kohti. Säikähdin kovasti, että nyt olin teilannut ainokaisen kanamme. Ei muuta kuin pakoon rikospaikalta, kun todistajia ei ollut.

Taisin mennä rannalle uimaan, josta sitten parin tunnin kuluttua palasin kotiin muina miehinä. Yllätyin suuresti, kun "kanavainaa" käveli terhakkaana nurmikolla matoja etsimässä. Isä kertoi illalla, että kun hän tuli kotiin, niin kana hoippuroi ylös kasvimaalta ja pysyi töin tuskin jaloillaan.

– On tainnut Paavo kivittää kanaa, isä tuumi.

En kommentoinut asiaa millään tavalla. Paavo oli isän mielestä ennenkin tehnyt pieniä tihutöitä, joten hän tuntui todennäköisimmältä selitykseltä. Onneksi asiaa ei tutkittu sen tarkemmin, joten pääsin sillä kertaa pälkähästä, eikä Paavollekaan asiasta koitunut sen kummempia seurauksia.

Sattui minulle sellainenkin *töppäys*, josta syyllisyys selvisi aivan vääjäämättä. – Meillä oli tuvan vieressä ruokakomero, joka oli kesälläkin vähän viileämpi kuin muut sisätilat. Siellä oli tietysti hilloja ja muita herkkuja. Olin varmaan alle kouluikäinen, kun mieleni teki mennä vähän tutkimaan paikkoja – eihän sitä tiennyt, mitä sieltä löytyisi. Kolusin alinta hyllyä, kun se tapahtui: hihani tarttui ison kulhon reunaan, joka sitten kaatui päälleni.

Pahaksi onneksi kyseessä oli *kerma-astia*, jonka sisältö oli siellä muhimassa ennen kirnuamista. Nostin astian kiireesti takaisin paikalleen; onneksi kaikki kerma ei sentään ollut ehtinyt valua ulos. Lähdin pika pikaa pois tapahtumapaikalta tuvan kauimpaan nurkkaan, vähän niin kuin lukuhommiin. Kohta kuitenkin komerosta kuului isän ääni:

– Joku on kuatanu kerma-astijan!

Ajattelin että tästä ei hyvä seuraa, enkä ehättänyt ainakaan heti ilmoittautumaan, vahinkohan se joka tapauksessa oli. Isän päivittelyt tuntuivat lähestyvän olinpaikkaani, ja johtopäätökset olivat selvät:

– Kas vain, Untohan se on ollut asialla, totesi isä eikä voinut pidättää nauruaan asian vakavuudesta huolimatta. Tilanne oli nimittäin se, että kengistäni oli jäänyt lattiaan selvä kermavana, joka sitten paljasti tekijän.

Onneksi perheen pää oli silloin huumorintajuisella tuulella, joten sen pituinen se.

Ahdin antimia

Meidän komppaniallamme oli eräs himoharrastus, jonka pariin pyrittiin aina kun se oli mahdollista: *onkiminen.* Matoja löytyi kuivinakin kesinä aina jostain, sellainen vainu meille oli kehittynyt. Eikun madot peltipurkkiin, onget olalle ja rantaan. Parhaat tilaisuudet kalojen narraamiseen tarjoutuivat iltaisin ja sunnuntaisin, jolloin normaalisti ei ollut työvelvollisuuksia (ellei sitten ollut kiireinen heinäntekoaika tai pitänyt lähteä käyttämään lehmää sulhasissa).

Onkipaikkoja oli tietysti runsaasti, onhan Pyhäselkä iso järvi, kymmeniä kilometrejä pitkä. Ehkä paras paikka oli kuitenkin "Mustan puron" suu, jossa vesi virtasi rauhallisesti järveen. Sinne pyyhällettiin jo varhain keväällä, mutta kalansaanti alkoi varmistua vasta sitten, kun lehti tuli puuhun. Tämän tiedon saimme jossain vaiheessa vanhemmilta kalamiehiltä, ja se tuntuu edelleenkin pitävän paikkansa. Jokainen haki mielestään hyvännäköisen paikan, pujotti madon onkeen, sylkäisi matoon ja huiskautti ongen veteen. *Onkivavat* olivat tietenkin omatekoisia, yleensä keveitä leppäriukuja, joihin sidoimme kaupasta ostamamme siiman eli tapsin ja pujotimme omatekoisen, puukolla muotoilemme korkin (niitä löytyi usein järven rannalta). Lyijypainokin tarvittiin; sen purimme hampailla kiinni siimaan. Ongenkoukkuja ostettiin kaupasta varastoonkin, sillä niitä jäi välillä järven pohjaan, hakoihin tai vesikasvien juurakoihin.

Sitten alkoi jännitys: kuka saisi ensimmäisen kalan, kuka suurimman vonkaleen? Kalaonni oli yleensä hyvä, jos ilma oli suosiollinen. Kova auringonpaiste ei yleensä ollut paras *kalailma*, mieluummin puolipilvinen taivas tai jopa vähän kosteanoloinen. Turhaa oli onkiminen, jos tuuli kävi rannalta järvelle päin – sen olimme huomanneet monet kerrat. Vesikin oli silloin rannassa viileämpää, seköhän karkotti kalat lämpimämpiin paikkoihin?

Tavallisimpia saaliskaloja olivat särjet, punasilmäiset ja kiiltäväkylkiset. Niitä saatiin joskus kymmeniä, monen kokoisia. Isoimmat olivat lihavia; jo nostaessa tuntui, että nyt tulee aika vonkale. Halutuimpia saaliita ne eivät kuitenkaan olleet, vaan kyllä *ahven* enemmän onkijaa ilahdutti. Onhan se niin maukas kala, että sitä kuulemma menisi ulkomaillekin vaikka miten paljon, Sveitsiin ja jopa Kiinaan asti. Särkikin on hyvää *hiilikalana,* minkä usein totesimme paistettuamme niitä rantanuotiolla tikun nenässä. Olimme varanneet suolaa mukaan, eikä sitten muuta tarvittukaan (paitsi puukko kalojen perkaamiseen ja tulitikkuja tulen sytyttämiseen).

Siihen aikaan ei keneltäkään kyselty, saiko tehdä nuotion rantaan. Nykyään se on tarkempaa: tarvitaan maanomistajan lupa, mikä tietysti on ihan oikein. Nykypäivänä on tehty retkialueille nuotiopaikkoja ja jopa laavuja, joissa sitten kuka tahansa saa laillisesti käristellä eväsmakkaroitaan ja nauttia liekkien ja hiilloksen hohteesta.

Ahvenet olivat keskimäärin pienempiä kooltaan kuin särjet. Kerran kuitenkin sain aika *körmyniskan* onkeeni. Oli kaunis, aurinkoinen sunnuntaipäivä, ei siis mikään paras kalailma. Halutti kuitenkin lähteä ongelle, ja niinpä Paavo-veli ja minä patikoimme järven rantaan "isolle kivelle", niin kuin paikkaa kutsuttiin. Ihan rantavedessä oli todellakin mahtava kivi (jääkauden aikainen siirtolohkare, kuten koulussa oli opittu), jonka päälle pääsi kiipeämään kenkiään kastelematta (varsinkin kun olimme paljain jaloin...).

Heitimme onget veteen, mutta minkäänlaisia elämänmerkkejä ei Ahdin valtakunnassa tuntunut olevan. Ilma oli kuitenkin niin hieno, että päätimme vain nauttia auringosta ja mennä myöhemmin uimaan. Unelias rauhamme häiriintyi äkisti: Onkeni koho temmattiin rajusti syvyyksiin. Tartuin tiukemmin vapaani ja aloin kiskoa kohoa ylös syövereistä. Se ei ollutkaan helppo tehtävä, sen verran painava rimpuileva saaliini tuntui olevan. Sain lopulta vesipedon kiskaistua ylös ja heitettyä rantakivikkoon. Se oli ahven, ja näytti valtavalta sätkiessään ja pörhistellessään eviään rannalla.

Paavo hyökkäsi salamana perään ja tuikkasi linkkuveitsen terän kalan kiduksiin varmistaen siten, ettei se päässyt potkimaan itseään irti koukusta ja karkaamaan takaisin veteen. Ihailimme suurinta koskaan saamaamme ahventa kotvan aikaa ja lähdimme sitten uimaan. Kotona saaliimme (pidin sitä yhteisenä saaliina Paavon ripeän toiminnan johdosta) joutui kohta pannulle, ja saipa siitä kalamiesten lisäksi moni muukin suunsa "makeaksi". Kalan paino jäi punnitsematta (olisihan meillä ollut *puntari* kotona), mutta jos joku haluaa sen koon näin jälkikäteen tietää, niin voin sen kyllä esittää kalamiesten tapaan käsiä levittämällä...

Mitä muita kaloja oikein saatiinkaan? Tyynellä säällä tuli joskus montakin *lahnaa*. Ne tuntuivat nostettaessa aika isoilta, vaikka eivät sitten mitään erinomaisia ruokakaloja olleetkaan. Alta kiloisissa lahnoissa kun tuntuu olevan suhteettoman paljon ruotoja. Tyypillistä lahnoille oli, että niitä sai aika matalastakin rantavedestä, eivätkä ne vetäneet korkkia umpeen (eli veden alle), vaan hiljakseen veden pintaa pitkin. Varsin paljon tuli myös *salakoita*, joita me silloin nimitimme "korpisäriksi". Se nimi löytyy todellakin netistä (leuciscus leuciscus) ja toinen nimi on seipi. Mitä lienevätkin olleet, kun salakan tieteellinen nimi näyttää olevan alburnus alburnus, vaikka se ainakin väärän koivun takaa tuntuu olevan sukua seipille. Ne olivat varsin pieniä, mutta kirkkaalla ilmalla niitä oli hauska narrata purosta, kun ne erottuivat selvästi pinnan alta: kun näimme, että kala otti madon suuhun, niin heti onki ylös ja saalis rannalle! Pienen kokonsa takia niitä olisi muuten ollutkin aika vaikea saada tarttumaan koukkuun.

Särjet olivat myös aika veijareita; ne osasivat nyplätä onkijalta monta matoa (nimenomaan pienet sintit), ennen kuin jäivät kiinni. Toista oli *kiiskien* kanssa: Ne vetivät kohon niin vauhdikkaasti veden alle, että onkija odotti saavansa kunnon ahvenen – mutta ilmoille nousi vain piskuinen, vaikkakin isopäinen ja -kitainen kiiski. Niitä ei kovin usein koukkuun tarttunut. Ruoka-alan ihmiset sanoivat, että kiiskestä saa oikein maukkaan kalakeiton, kun siivilöi siitä ruodot pois. Keittotarpeiksi asti emme kiiskiä saaneet, mutta kissat kyllä tykkäsivät niistä.

Linnunpesiä ja intiaanileikkejä

Minun lapsuudessani ei ollut televisioita kännyköistä puhumatta-kaan. Radiokin meille saatiin vasta Helsingin olympialaisten (vuonna 1952) jälkeen. Muistan kun olympiakisojen viimeisenä päivänä, sunnuntaina, menimme naapuriin kuuntelemaan maratonjuoksun selostusta radiosta. Senhän voitti Tsekkoslovakian "Satu-Pekka", Emil Zatopek, joka oli voittanut aikaisemmin jo 5 kilometrin ja 10 kilometrin juoksut. Hänellä oli niin raskaan näköinen tyyli, että vaikutti siltä, että mies on valmis keskeyttämään jo kilometrin jälkeen – irvistyskin oli hirmuinen. Mutta niin vain "ravuri" jaksoi maaliin asti ennen muita. Hänen vaimonsa Dana Zatopkova muuten voitti naisten keihäänheiton. Pariskunta suorastaan rakastui Suomeen ja vieraili täällä mielellään myöhemminkin. Niin, siinä maratonjuoksussa Suomen Veikko Karvonen sijoittui viidenneksi.

Sitten kun radio saatiin, niin ensimmäisenä iltana sitä kuunnel-tiin korvat höröllä, tulipa sieltä mitä ohjelmaa tahansa. Se ilo loppui sitten kello yhdeksän maissa, kun isä totesi tavalliseen tapaansa: "Noo, valot sammuksiin ja makkoomaan!" Hänen piti näet usein nousta aamulla jo viidenkin aikaan, jotta ehti vaihteleviin työpaik-koihinsa (usein tie- tai metsätöihin taikka ojankaivuun), polkupyö-rällä yleensä, ellei työnantaja ollut järjestänyt kuljetusta. Me lapset saimme sitten nukkua puoli seitsemään asti, ennen kuin piti lähteä marssimaan kilometrin matka junapysäkille ja siitä "lättähatulla" (sen nimisiä olivat siniset junavaunut) Joensuuhun. Rauni, Paavo ja minä kävimme oppikoulua, muut sisarukset kävelivät kansa-kouluun Majakallioon (kaksi kilometriä) tai kuudennelle luokalle pääkouluun valtatien varteen (kolme kilometriä).

Se miksi Raunia vanhemmat sisarukset eivät käyneet oppikou-lua, johtui tietääkseni siitä, että ajat olivat niin tiukat, ettei ollut varaa mennä. Vaikka saimmekin vapaaoppilaspaikat, niin junakyy-ti maksoi ja kirjat, vihkot, kynät ja kumit piti ostaa itse. Vanhin veljeni Kauko oli kuulemani mukaan todella lahjakas, mutta joutui tyydyttämään lukuintoaan lainakirjoja lukemalla. Minua nuoremmat sisarukseni eivät tietääkseni erityisesti halunneetkaan pyrkiä oppikouluun. Sinne oli joka kevät pääsykokeet, joiden tulokset jännittivät pyrkijöitä kovasti. Seuraavana päivänä menin kuuntelemaan tuloksia ja helpotuksekseni sain tietää selvittäneeni kokeet hyvin. Tulokset kuultuani läksin junalle, mutta se oli jo mennyt ja seuraavan lähtöön oli ainakin kaksi tuntia. Tuumasin että minähän en jää junaa vartomaan vaan lähden kävelemään kotiin rataa pitkin. Matkaa oli reilut kymmenen kilometriä, josta varmaan puolet myös juoksin. Kun tulin Niittylahden pysäkille, niin juna jo vislasi selkäni takana. Eipä käynyt ainakaan aika pitkäksi, ja säästyiväthän myös kyytirahat!

Pesäretkiä ja elättejä

Mutta minunhan piti kertoa *linnunpesistä* ja intiaanileikeistä! Tuo johdanto alkoi siitä, ettei meillä mennyt vapaa-aika kännyköiden tihrustamiseen, vaan ehdimme tehdä paljon muita asioita. Kesällä liikuin paljon Paavon kanssa metsissä, usein paljain jaloin, kun kenkiä piti säästää juhlallisempiin menoihin. Olihan siellä paljon risuja ja käpyjä, mutta opimme niitä varomaan, ja jalkapohjat vain kovenivat kovassa käytössä.

Paavo oli varsinainen mestari *kiipeämään* puihin. Ei ollut sellaista mäntyä, vaikka miten oksatonta ja sileäpintaista, ettei hän olisi pystynyt sen latvaan kiipeämään. Luovutin suosiolla (eli nykykielellä: delegoin) sen homman hänelle. Paavo ei aina kotona siitä urakoinnistaan kiitosta saanut, kun housut tahtoivat pihkaantua, ja pahimmassa tapauksessa sinne tänne ilmaantui reikiäkin. Jos ei vanhemmat siskot ehtineet paikkaamaan, niin velipoika kursi reiät joten kuten kiinni itsekin.

Tässä välissä, kun pääsimme näihin vaatteiden korjaushommiin, niin täytyy kertoa Paavosta yksi juttu, joka oli hyvin kuvaavaa hänen luonteelleen; sen itsepäisempää heppua en näet muista tavanneeni. No niin – velipoika oli varmaan siinä kahdentoista ikäinen (siinä iässä yleensä pääsimme polvihousuista eroon ja saimme ensimmäiset pitkät housut), kun hän huomasi jääneensä muodissa jälkeen: hänen housuistaan puuttui *takatasku*. Eihän sellainen peli vedellyt Paavon mielestä! Niinpä hän aloitti painostaa ompelutaitoisia isosiskojamme korjaamaan tuon puutteen. Heillä tuntui kuitenkin aina olevan parempaa tekemistä, eikä apua löytynyt. Velipoika aloitti väsyttämistaktiikan ja alkoi hokea: takatasku, takatasku... – varmaan puolikin tuntia kerrallaan, siltä se ainakin tuntui. Kun sekään ei auttanut, hän muutamien päivien ratkuttamisen jälkeen otti käsiinsä neulan ja lankaa, löysi jostain sopivankokoisen kangastilkun ja alkoi harsia housujensa takamukseen taskua. *Harsimista* se todellakin oli, niin pitkiä olivat ompeleet. Tulos kuitenkin tyydytti muotitietoista housujen omistajaa, ja ongelma oli sillä ratkaistu.

Mitä varten sitten Paavo kipusi niihin korkeisiin mäntyihin? Ei sentään pelkästään huvin vuoksi – siellä oli variksilla pesänsä. Niinpä meillä kiipeilijäsankarin työn tuloksena oli yleensä kesäisin aina *elättivaris* tai *-harakka*. Varikset kesyyntyivät vielä paremmin kuin harakat. Niiden nimi oli joko Matti tai Pekka. Muistan kuinka uimaan lähtiessämme Matti tai Pekka (kumpi nimi nyt olikaan vuorossa) lensi olkapäälleni ja halusi reissulle mukaan. Aamulla ne alkoivat raakkua hyvissä ajoin ja pyytää syömistä. Annoimme niille matoja, leivänmuruja, perunanpalasia ja mitä nyt milloinkin oli jäänyt ylimääräistä ruokaa. Matoja ja heinäsirkkoja lukuun ottamatta elättiemme ruokalista muistutti aika lailla omaa menyytämme (sitä sanaa en kyllä siihen aikaan vielä tuntenut). Tulevaisuudessa taitavat nuo viimeksi mainitutkin tulla ihmisten pöytään, jos lehtiä (tai laajemmin: mediaa) on uskominen.

Siivekkäät kaverimme viihtyivät kanssamme yleensä kuukauden pari. Kun sitten kesä alkoi kallistua syksyyn, ne jossain vaiheessa katosivat – lähtivät *lajitoveriensa* mukaan. Meille tuli vähän haikea olo, mutta ymmärsimme kyllä, että parempi niin. Vaikea niitä olisi ollut talven yli navetassa pitää. Kerran kun meidän Pekka oli taas kadonnut omille teilleen, niin koimme yllätyksen tultuamme porkkanamaalta ruokatunnille. Hilja-sisko oli silloin emäntänä ja oli nähnyt varisparven lentävän korkealla ilmassa. Hän oli huutanut "Pekka, Pekkaa!", niin kuin meillä usein oli tapana elätin kadottua pihapiiristämme. Parvesta oli yhtäkkiä erottunut yksi lintu, joka teki huiman syöksylaskun pihallemme: se oli meidän Pekka! Kyllä me olimme iloisia jälleennäkemisestä ja hemmottelimme lemmikkiämme pari päivää, kunnes se sitten lopullisesti lähti omien porukoidensa matkaan.

Olipa meillä varisten ja harakoiden lisäksi yhtenä kesänä elättinä myös *pöllön* poikanen. Olimme tapamme mukaan samoilemassa metsässä, Paavo ja minä. Isoveli huomasi eräässä isossa koivussa melkoisen kolon, joka voisi soveltua linnun asunnoksi. Tikathan osasivat hakata itselleen pesäkolon, varsinkin jos puu oli vähän lahovikainen. Tämä kolo oli kuitenkin luonnon muovaama ja varsin kookas. Uteliaisuutemme heräsi, kun sieltä kuului kimeää piipitystä. Aukko oli kuitenkin niin korkealla, ettemme ulottuneet kurkistamaan sinne, ja runkokin sen verran kuhmurainen, ettei siihen Paavokaan pystynyt mäntytekniikallaan kiipeämään.

– Työnnäpäs Unto minua takamuksesta ylöspäin, niin minä kurkkaan, ketä siellä on kotona! hän ehdotti. Tein työtä käskettyä ja kuulin hämmästyksekseni:

– Siellä on pöllön poikanen!

Sellaista ihmettä olimme jo monena kesänä toivoneet, mutta ei vaan ollut tärpännyt.

– Se meinaa nokkia minulta sormet verille. Heitä paita pois ja anna se minulle suojavarusteeksi.

Minä riisuin paidan, annoin sen Paavolle ja työnsin taas ahterista. Silloinkos vakioseuralaisemme itikat hyökkäsivät paljaan selkäni kimppuun veljen taistellessa pöllönuorukaisen kanssa. Ne olivat piinallisia hetkiä, ei varmaan minuuttia enempää, mutta tuntuivat moninkertaisilta. Ei siinä auttanut kuin purra hammasta ja odottaa, että tuleva elättimme oli saatu ulos pesäkolostaan.

Kun pöllö oli kääritty paitani sisälle, läksimme äkkiä litomaan kotiin, etteivät vain pöllövanhemmat ehtisi kimppuumme. Juostessa pääsin eroon itikoistakin, mutta muistoksi sain punanäppyläisen selän muutamaksi päiväksi. Oli se pöllö hurjan näköinen, kun se mulkoili meitä pyöreillä silmillään ja yritti nokkia terävällä koukkunokallaan. Kyllä se siitä kesyyntyi jonkin verran, kun ruokimme sitä navetassa, mutta ei siitä variksiin verrattavaa kaveria saanut. Kerran kun navetan ovi oli jäänyt raolleen, ystävämme oli pujahtanut ulos ja katseli pihakoivusta ihmetellen ympäristöään. Jonkin ajan kuluttua se kohosi siivilleen ja lähti opettelemaan metsiin oikeaa pöllön elämää.

Yhtenä kesänä emme löytäneet elätiksi varista tai harakkaa. Niinpä päätimme kokeilla räkättirastaan poikasia. Löytämässämme pesässä niitä oli iso pesue, josta sitten otimme muistaakseni kolme mukaamme ja veimme ne illalla saunaan. Kokeilulla oli ikävä loppu: kun aamulla menimme saunaan linnunevästä mukanamme, niin suunnitellut elättimme olivat kaikki selällään koivet pystyssä. Olimme kovasti pahoillamme, kun emme tienneet, että pienikokoisia lintuja olisi pitänyt olla ruokkimassa jo auringonnousun aikaan, niin kuin niiden emot tekevät. Tämän valitettavan kokeilun jälkeen päätimme pysyä variksissa ja harakoissa.

Elätti-sanaa käytettiin suunnilleen samassa merkityksessä kuin nykyään *lemmikki*-ilmausta. Oli meillä sellainenkin eräänä vuonna: valkoinen *hiiri*. En muista kuka sen hommasi, mutta olihan se suloinen punaisine silmineen ja pitkine häntineen. Järjestimme sille oman kodin vanhaan kenkälaatikkoon, pohjalle vähän heiniä ja sahanpuruja. Syömisistä en enää muista tarkemmin, kaipa sille kelpasivat jyvät ja leivänmurut, juomaksi tietenkin vettä. Hiirulainen oli varsin kesy; se juoksenteli milloin kenenkin käsivarsilla ja hartioilla. Eräänä päivänä meille kuitenkin koitti suru – lemmikkimme oli kadonnut, eikä sitä löytynyt, vaikka miten etsittiin. Salaperäinen katoaminen selvisi lopulta: Hiiremme löytyi edesmenneessä tilassa äidin tyynyn alta! Sinne se oli kaivautunut ja tukehtunut äidin kallistettua päänsä tyynylle. Eihän siinä auttanut muu kuin järjestää ystävällemme kunniakkaat hautajaiset takapihalle.

Ei-toivotut elätit (niitä ei katsottu lemmikeiksi!) olivat maalla varsin yleisiä – kyse on kotihiiristä. Ne vierailivat mieluusti ruokakomerossa rapisemassa. Niitä vastaan oli kehitetty torjunta-ase, jota nimitimme hiiren*litskaksi*. Anoppini puhui hiiren*killeröstä*. Äkkipäätään ajatellen sana tuntuu perustuvan englannin kieleen ("kill"-sanahan tarkoittaa tappamista). Aika monet pohjalaiset kävivät Amerikassa (niin myös Maijan isä); lienevätkö tuoneet tuonkin sanan mukanaan? No, kyllä niillä harvennettiin varsin tehokkaasti kutsumattomien vieraiden rivistöjä. Paras saalis oli, kun kerran kaksi hiirtä hyökkäsi innolla herkkupalan kimppuun ja jäi yhtä aikaa litskan uhriksi. Näille ei tarvinnut järjestää erityisiä hautajaisia, sillä kissamme odotti vesi kielellä pyynnin tuloksia.

Räkättien kosto

Räkättirastaathan ovat paikoitellen suoranaisena maanvaivana, kun ne pyrkivät syömään marjat pensaista ja puutarhamansikat pellosta. Niinpä emme ainakaan lapsuudessani tunteneet tunnon tuskia, kun niitä hätyyttelimme tavalla jos toisellakin. Kivikomppanian tehtäviin kuului tietenkin tarkkuusammunta sopivilla kivillä. Tehokkaammaksi metsästysaseeksi osoittautuivat kuitenkin *kumiritsat*. Ne tehtiin tietenkin itse: Valmistettiin vaikkapa pajusta (niitä kasvoi ojien ja teiden varsilla oikein viidakkona) sopiva Y:n muotoinen ampuma-ase, johon tarvittiin sitten vahvanpuoleinen kuminauha. Vanhoista pyöränkumeistahan niitä sai. Kuminauha sidottiin Y:n haarukoihin kiinni, ja eikun kivi nauhan pohjukkaan, haarukka vasempaan käteen, venytys taaksepäin, niin johan "ammus" sai tujakamman lähdön kuin käsin heittämällä. Myös tähtääminen oli tarkempaa. Paremman luokan ritsoissa taisi olla vielä nahkanpala nauhan pohjukassa, johon sitten kivi sopi kuin nyrkki silmään (kuten oli tapana sanoa asioista, jotka sopivat yhteen kuin paita ja peppu...)

Niinpä olimme sitä mieltä, että räkättikantaa piti harventaa – ainakin vanhemmat sisarukseni olivat. Sotaretkelle lähtöä hankkivat muistaakseni Veikko ja Paavo (siskoista en ole varma). Minutkin otettiin armosta mukaan, vaikka taisin olla vasta siinä neljän, viiden vanha. Ei minulla ollut omaa ritsaakaan, mutta oli jännää päästä isompien mukaan seikkailemaan. Niinpä minäkin täydensin isku-joukkomme ammusvarastoa keräämällä tieltä sopivankokoisia ki-viä taskuihini. Tiedustelijamme olivat löytäneet koivikon, jossa oli runsaasti räkätinpesiä. Aika oli kaiken lisäksi metsästykselle mitä otollisin: poikaset olivat juuri opettelemassa lentämään ja istuskeli-vat koivujen oksilla maailmaa ihmettelemässä.

Oli kesäinen sunnuntai-iltapäivä, kun lähdimme liikkeelle. Muistan sen siksi, kun minulla oli parempaa päällä. Olin saanut uuden lyhythihaisen kesäpaidan (T-paidaksi sitä kai nykyisin sanot-taisiin), jonka tietysti halusin lepopäivän kunniaksi pukea päälleni. Olisin kyllä jättänyt sen kotiin, jos olisin aavistanut sotaretken seu-raukset. No, ei siinä mitään, marssimme tiedustelijoiden löytämään paikkaan. Ja istu ja pala: Metsikössä lenteli emo- ja poikasräkättejä oksilta oksille tuttua rähisevää ääntään pitäen. Emot olivat opetta-massa pojilleen (ja varmaan tytöilleenkin) lentämisen aakkosia, ja huolestuivat nähdessään meidän saapuvan heidän reviirilleen.

Tarkka-ampujamme venyttivät ritsojensa kumeja, ja jo tömähti ensimmäinen poikasvainaa maahan. Aikuiset räkätit alkoivat kaar-rella hurjina yläpuolellamme, kun osumia tuli lisääkin. Puolustus-keinona niillä oli lähinnä *ulostepommien* tiputtelu meitä kohti, kun eivät ne syöksyissään uskaltaneet ihan meidän kimppuummekaan käydä. Yksi märkä ja lämmin pommi sattui tietenkin minuun, pie-nimpään (vaikka olinkin vain tukihenkilönä mukana), ja kaiken lisäksi uuden paitani rintataskuun. Vetäydyimme sitten hyvässä järjestyksessä kotimatkalle, kun saaliitkin olivat kaikonneet turval-lisemmille "vesille" (!). Olin aika tyrmistynyt kokemastani takais-kusta, mutta yhdessä yritimme putsata paidastani enimpiä pommin jälkiä. Kotona tietysti paita meni heti pesuun (eikä siitä vanhem-millemme mitään puhuttukaan). Mutta olihan sekin opettavainen reissu: Elä pane parasta piälle, kun lähet mehtään sotimaan!

Munanryöstäjät

Metsäretkillämme tähyilimme myös lintujen pesiä erikoisten *munien* toivossa. Munien kerääminenhän ei ole ainakaan nykyään sallittua, mutta sitä me pojat emme tienneet. Oli jännää kulkea silmä tarkkana ja löytää eri lintulajien pesiä, joissa oli mitä kirjavimpia munia. Otimme pari munaa pesää kohti, emme siis suinkaan kaikkia. Kotona sitten teimme neulalla reiän munan molempiin päihin ja puhalsimme ne tyhjiksi. Näin munien kuoret säilyivät pitkiäkin aikoja kokoelmissamme.

Eräällä reissulla kivikomppaniamme sai kuitenkin opetuksen. Olimme löytäneet kohtalaisen kokoelman erilaisia munia, kun vastaamme tuli metsässä tuttu, nuorenpuoleinen kylänmies.

– Mitäs ne pojat puuhailee? hän kysyi. – Ette kai vain ole linnunpesiä ryöstämässä?

Hän oli huomannut, että peittelimme munia selkämme takana. Ei siinä auttanut muu kuin näyttää hänelle saaliimme.

– Kuulkaas pojat, nyt viette munat pesiin takaisin ja lopetatte nämä puuhat! Jos vielä tapaan teidät näiltä jäljiltä, niin paha teidät perii!

Oli se sen verran uhkaavan näköinen, isokokoinen kaveri, että tottelimme mukisematta. Siihen loppui munien keräily, ja hyvä niin.

Eurooppalaisia intiaaneja?

Lukuharrastuksissamme olimme löytäneet monia jännittäviä *intiaanikirjoja.* Niissä kerrottiin, miten intiaanit metsästivät puhveleita preerialla ja hiipivät metsässä saaliinsa perässä oksankaan risahtamatta. Me tietysti opettelimme metsäretkillämme intiaanihiivintää, ettemme säikyttäisi lintuja ja muita metsän eläimiä. *Nuolipyssyjä* teimme sitkeistä katajista, veistimme koivun ja lepän oksista nuolia, jotka sitten lennätettiin jouseen sidotun narun avulla vinhaan lentoon kohti maalitaulua, usein johonkin lahoon puunpökkelöön. Puhveleita emme metsissä tavanneet, ja kyllä ne meidän aseillamme olisivatkin jääneet kaatamatta.

Intiaaneilla ei ollut tulitikkuja, mutta heillä oli omat konstinsa saada *nuotio* syttymään. Yksi tapa oli pyöritellä terävää puutikkua kämmenten välissä, niin että tikun alapää pyöri sytykepuuhun tehdyssä kolossa. Ei siinä tulta syntynyt, mutta kämmenet kyllä menivät helliksi. Kaipa intiaaneilla olivat kovemmat kämmennahkat kuin meillä. Parannettu versio edellisestä oli tikun pyörittäminen jousipyssyn avulla. Tikku pujotettiin jousen jänteeseen tehtyyn silmukkaan ja sitten jousta vedeltiin edestakaisin. Tämä tuntui toimivan paremmin ja kämmenystävällisemmin, mutta ei siitä parhaalla tahdollakaan tulta syntynyt. Alapuu kyllä lämpeni ja mustui jonkin verran, mutta siinä kaikki. Lohduttauduimme sillä, että intiaaneilla oli Amerikassa varmaan herkemmin syttyvää puumateriaalia kuin meillä, hikkorit, plataanit ja sykomorit, tamariskeista puhumattakaan.

Tiipii oli intiaanien teltta, jossa he asuivat kesät talvet. Meillä kun oli kova puute puhvelinnahoista, niin meidän täytyi rakentaa omat tiipiimme kuusenhavuista. Jouduimme itse kokkailemaan eväämme, koska siihen aikaan meillä ei *squaw*`ita ollut. Paljon myöhemmin, kun Paavon kanssa läksimme Amerikassa ottamaan kuvia puhveleista lähietäisyydeltä, niin meidän squaw`mme juoksivat perässä ja kiljuivat:

– Elekee mänkö sinne tapattamaan ihteenne!

He kun eivät olleet lukeneet intiaanikirjoja eivätkä tienneet, että jos puhveli juoksee villisti kohti, niin silloin pitää tehdä äkkiä yhdeksänkymmenen asteen käännös, jolloin painava puhveli vain jatkaa suoraan juoksuaan, eikä intiaanikirjan lukeneella ole mitään hätää.

Sademetsien intiaanien olimme lukeneet käyttävän metsästysaseinaan *puhallusputkia*. Onnistui niiden tekeminen meiltäkin. Piti vain odottaa elokuulle, että pihlajanmarjat olivat tarpeeksi suuria mutta eivät vielä kypsiä. Silloin niitä oli hyvä ampua *karhun-*

putkella (angelica sylvestris). Siitä katkaistiin noin kolmekymmentä senttiä pitkä pätkä, ja puhallusputki oli valmis. Emme tienneet putken oikeaa nimeä; koiranputki (anthriscus sylvestris) se ei ollut, vaan isompi ja sileäpintainen putkikasvi. Nyt sitten nettiä tihrustamalla sain selville aseemme oikean nimen. Toinen, koiranputkea muistuttava kasvi on muuten vuohenputki (aegopodium podagraria), jonka nuoret lehdet sopivat hyvin salaattiainekseksi. Sitä kasvaa nykyään villinä puutarhassamme, muun muassa pensasaidan juurella. Sen kitkemisestä saivat kuulemma omat armaat lapsemme pahoja traumoja...

Kun meillä oli kova puute sademetsistä, emme voineet ampua ruuaksemme *myrkkynuolilla* apinoita tai värikkäitä lintuja. Jouduimme tyytymään keskinäisiin pihlajanmarjasotiin, joissa saattoi syntyä pieniä kärhämiäkin, jos vastapuoli sai yllättäen naamaansa timakan napsun. Vaarattomampaa oli ampua tarkkuutta johonkin puunrunkoon tai yrittää tehdä marjojen lentoradan pituusennätyksiä. Oli se vain niin hauskaa, että joka kesä hartaasti tarkkailimme, milloin marjat alkoivat vähän punertaa, ja joko putkiemme kasvu oli riittävää aseiden valmistukseen. Ihmeesti niitä karhunputkia aina löytyi meidän tarpeiksemme. Kasvaa niitä tontillamme Savonlinnassakin, joten pitäisiköhän joskus taas kokeilla...

En tiedä, tekivätkö intiaanit keväisin *pajupillejä,* mutta me kyllä teimme. Raaka-ainetta löytyi ojien varsilta ja rannoilta vaikka miten paljon. Piti vain tietää, miten pilli tehdään ja saadaan soimaan. Sen tiesivät vanhemmat sisarukseni, ja luulenpa, että sen taidon opetti minulle Veikko-veli. Pillin tekeminen on helpointa näyttää käytännössä, mutta nykyisin netistäkin löytyy tarkat ohjeet kuvien kera. Paras tekoaika on toukokuu – kesäkuun alku, jolloin pajun kuori irtoaa helposti. On sillä itse tehdyllä pajupillillä mukava soitella.

Intiaanielämästä kaipasimme myös *rumpuja,* joilla olisimme voineet viestitellä Pitkäsen poikien kanssa tärkeitä asioita toisillemme. Mökkiemme välimatka oli vajaat puoli kilometriä, niin että kyllä rummutus olisi kavereille kuulunut, kun sieltä metsän takaa isä-Jannen mekastuskin meille selvästi kaikui. Mutta taas puuttui puhvelin nahkoja.

Toinen intiaanien tapa korvata WhatsAppia oli *savumerkkien* lähettäminen. Niillähän he varoittivat toisiaan esimerkiksi lähestyvästä vihollisesta. Ne olivat useimmiten valkonaamoja, mutta joskus myös eri heimot taistelivat keskenään. Intiaanikirjojen sankarin roolissa oli usein amerikkalainen ratsuväki, joka torvien soidessa karautti paikalle uudisasukkaita pelastamaan. Vasta paljon myöhemmin minulle selvisi se, etteivät intiaanit olleet pelkästään ilkeitä punanahkoja, vaan metsästysmaansa menettäneitä preerioiden alkuperäisasukkaita. Heitä petettiin valheellisilla lupauksilla, ja jopa puhvelilaumatkin teurastettiin, jotta "pahat punanahat" nääntyisivät nälkään. Ei ihme, että kapinoita ja valitettavia verilöylyjäkin esiintyi. Buffalo Billinkin urotyöt puhvelien kaatajana joutuivat silmissäni uuteen valoon.

Taisimme joskus kokeilla savumerkkien lähettämistä rannalla kalanpaistonuotiollamme. Se ei kuitenkaan onnistunut, kun emme hoksanneet panna nuotioon vaikkapa tuoreita heiniä, jotta kirkas liekki olisi muuttunut kunnon savuksi. Lisäksi olisi varmaan tarvittu pala vanhaa räsymattoa tai muuta riepua (puhvelinnahkojen korvikkeeksi...) huiskutettavaksi nuotion yllä, jotta syntyisi sopivia merkkihattaroita. Vaarana olisi lisäksi ollut maanomistajan ryntäys paikalle tutkimaan, että mikä täällä niin hitosti savuaa...

Intiaaneista vielä sen verran, että ihailimme aina päällikköjen (Sitting Bull ym.) hienoja *sulkapäähineitä.* Yritimme valmistaa sellaisia myös itsellemme, mutta olosuhteet eivät suosineet meitä: komeita kotkansulkia ei löytynyt, vaikka miten tarkkaan etsimme metsät ja vainiot. Jouduimmekin tyytymään satunnaisiin variksen ja harakan sulkiin, joita kiinnittelimme kangasnauhoihin vaihtelevalla menestyksellä. *Sotakirveitä* eli tomahawkeja meillä ei ollut lainkaan, joten niitä ei ollut tarvetta haudata. *Rauhanpiippujakaan* ei saanut hankittua mistään, kun isä ja myös naapurin miehet polttivat enimmäkseen vain pilliklubia.

Seikkailu järvellä

Kirjojen lukeminen auttoi meitä ihan oikeastakin vaaratilanteesta. Olin lukenut useitakin kirjoja englantilaisen komentajakapteeni *Hornblowerin* seikkailuista. Hänen purjelaivansa joutuivat useinkin luovimaan vastatuuleen – eihän tuuli aina voinut olla myötäinen. Kerran sitten Pyhäsaareen suuntautuneella *puolukkareissulla* jouduimme järvihätään, kun kotimatkalla syntyi todellinen myrsky. Isä ja Paavo soutivat kaksilla airoilla vasten tuulta. Kun aallot näyttivät silmissäni jo vuoren korkuisilta, katkesi perämela, jolla minä yritin pitää suunnan kotirantaan päin. Pirkko oli kovin peloissaan, ja pyysi isää kääntymään takaisin saareen, jonne päin oli myötätuuli.

– Ei ole ennenkään käännytty, sanoi isä yksikantaan.

Kun sitten melakin oli menetetty eikä matka edistynyt lainkaan kovasta soutamisesta huolimatta, niin hän sitten lopulta suostui kääntymään takaisin. Aloimme kuitenkin ajautua saaren ohi, ja vastarannalle, Liperin puolelle, oli matkaa ainakin viisi kilometriä. Silloin otin Hornblowerin roolin ja sanoin, että nyt meidän on soudettava ensiksi viistoon vastatuuleen, minkä jälkeen myötätuuli vie meidät saaren rantaan. Ihmeekseni isä kuunteli pienen miehen ohjetta (yleensä hän antoi toimintaohjeet, mutta taisi muistaa, ettei ollut lukenut merikirjallisuutta), ja se tepsi. Pääsimme onnellisesti saareen takaisin.

En malta tässä olla kertomatta, mitä sitten tapahtui. Ilta alkoi hämärtyä, oli näet syykuun alku, ja meidän oli pakko yöpyä saaressa. Rakensimme kuusenhavuista *laavun* ja nukuimme yön miten kuten nuotion hohteessa. Aamulla sitten tuuli oli kokonaan tyyntynyt, joten saimme rauhassa soudella mahtavan puolukkasaaliimme, kokonaisen pyykkivasullisen, kotiin talvea varten survottavaksi. Olimme kotona puoli seitsemän aikaan, niinpä Paavo kevyen aamiaisen jälkeen lähti vielä junalle ja sitä myöten kouluun. Minä olin tapahtumista ja vähäisistä yöunista sen verran uupunut, että jäin kotiin lepäämään.

Tuon järviseikkailun tuloksena pidin lyseossa *esitelmän*, josta tuli suurmenestys. Kerroin kamppailuistamme aaltojen kanssa ja taitavasta luovinnastamme. Terästin kertomusta pienillä lisäyksillä: Yötä varten rakensimme muka rakovalkean. Siihen tarvitaan kaksi kelohonkapölliä, jotka sijoitetaan päällekkäin pienten tukien varaan. Väliin jäävään rakoon pannaan sytykkeitä, joiden avulla sitten rutikuivat kelotukit roihahtavat tuleen; ne palavat tasaisesti lämmittäen nukkujia koko yön. Näin teoriassa. Mutta mistäpä olisimme kelohonkia ottaneet. Meidän nuotiotamme piti kohennella tuon tuostakin, joten uni oli aika levotonta.

Yölliseen saariseikkailuun tarvitaan myös *ekstrajännitystä*, sanoi pojalle pojan järki. Niinpä kerroin esitelmässäni, että aamuyöstä havahduimme katkeilevien risujen ääneen raskaiden askelien alla. Mieleemme tulivat kertomukset karhuista, joita oli havaittu joskus asustelevan Pyhäsaaressa. Tulijan hengitys kantautui läähättävänä korviimme. Varauduimme pahimpaan ja sovimme teeskentelevämme kuollutta, kun karhu tulee meitä nuuhkimaan. Ja nuuhkimaan se tuli, mutta ei ollut mesikämmen vaan saaressa laiduntava lehmä. Huokasimme helpotuksesta, näin kerroin, ja vaivuimme loppuyöksi "rakovalkean mahdollistamaan" sikeään uneen. Kukaan ei epäillyt kertomukseni todenperäisyyttä (vaikka ei ollut karhua – eikä lehmääkään!), ja luokkatoverini sanoivat esitelmäni olleen sen vuoden esityksistä ylivoimaisesti paras.

Seikkailuista puheen ollen Hilja-sisko muistutti minua meidän yhteisestä, jännittävästä *pyörämatkastamme*. Meillä oli asiaa Hammaslahden kirkonkylälle poliisin luo. Omistimme sellaisen mittalaitteen, jonka nimi oli *puntari*. Se oli metallitanko, jonka toisessa päässä oli koukku, johon mitattava tavara ripustettiin, ja toisessa päässä rautanuppi vastapainona. Keskellä oli liikuteltava kahva, jolla tämä vaa'an korvike saatiin tasapainoon. Varressa olevasta asteikosta voitiin sitten lukea mitattavan tavaran paino. Puntaria piti aika ajoin käyttää poliisin luona *kruunattavana*, eli tarkistettavana että laite mittasi oikein.

Hilja hoiti silloin emännyyttä kotona ja sai tehtäväkseen käyttää puntaria virkamiehen luona. Hän ei kuitenkaan halunnut lähteä yksin matkaan, ja onnistuikin ylipuhumaan minut kaverikseen. Meillä oli silloin käytössä naistenpyörä, jota sisko polki ja minä olin tarakalla kyydissä, puntari ilmeisesti kainalossa. Suhmuran reitti oli silloin soratietä, mutkainen ja mäkinen, kuten nykyäänkin. Oli siinä Hiljalla polkemista, kun minä ja puntari olimme lisäpainolastina.

Saimme tehtävän kunnialla suoritettua ja läksimme paluumatkalle. Enpä olisi arvannut, millaista kyytiä se oli. Yhdessä kohtaa oli nimittäin hirmuinen alamäki, johon Hilja porhalsi täyttä vauhtia. Pahaksi onneksi tiellä oli isoja kivenmurikoita, jotka hyppyyttivät ja täryyttivät pyörää niin, että odotin meidän hetkellä millä hyvänsä löytävän itsemme *hatelikosta,* eli tien varren pusikosta. Kuin ihmeen kautta pysyimme pystyssä, eikä Hiljaa kuulemma ollut pelottanut ollenkaan, tuskinpa puntariakaan. Eihän sille rautamötikälle kolarissa olisi käynyt kuinkaan, kun taas minä pelkäsin heikkojen luideni ja pääkuoreni puolesta. Oli mukava taas päästä kotiin, ja ehjin nahoin.

Käsin hauen kimppuun

Intiaanitkin kalastivat, ja heillä oli niin hyviä lohijokia, että saattoivat pyydystää isoja vonkaleita jousipyssyllä, keihäillä tai jopa käsin. Niinpä minäkin päätin kokeilla onneani käsikalastuksessa, kun olin kuullut Paavolta, että hän ja naapurin Reino olivat saaneet koulumme lähellä virtaavasta *Haisupurosta* pari haukea niskasta kiinni. Piti kuulemma vain hiipiä purolle kuin intiaanit (se taito jo oli hallussani) ja odottaa kärsivällisesti, että saalis ilmaantuisi sananmukaisesti ”käsille”.

Pyysin kaverikseni kalanpyyntiin tokaluokkalaista Mikkosen Esaa (itse olin ekalla), jonka isä hoiti kylän kirjastoa Niittylahden kansanopistolla. Sivumennen sanottuna minulla oli pastori Mikkosta kohtaan vähän hampaankolossa, kun hän pyrki sensuroimaan minun kirjojen valintaani. Olin lukenut kaikki kirjaston lastenkirjat ja oli pakko siirtyä aikuisten kirjoihin. Löysin todella kuuman tärpin, Väinö Linnan Tuntemattoman sotilaan, josta käytiin siihen aikaan kiivasta keskustelua – puolesta ja vastaan. Se kun esitti sodan ja sotilaat ihan eri valossa kuin kansalliskirjailijamme Johan Ludvig *Runeberg* Vänrikki Stoolin tarinoissa. No, mitä teki ja sanoiksi virkki isä-Mikkonen:

– Kuule Unto, sinä olet aivan liian nuori lukemaan tätä kirjaa. Etsipäs jotain sopivampaa!

Löysin kuin löysinkin sopivampaa (liekö ollut Kalle Blomkvistin seikkailut tai Sudenhampainen kaulanauha), jolloin pastori-ystäväni onnitteli minua ja vatkasi kättäni yliystävällisesti kotvan aikaa.

En viitsinyt mainita kirjastonhoitajalle, että luokkatoverini Tannisen Veikko oli jo kertonut minulle Tuntemattoman sotilaan pääkohdat välitunneilla. Erityisesti mieleeni jäi se kohta, kun sankaritaistelija Antti Rokka menetti tajuntansa vähäksi aikaa vihollisen luodin raapaistua hänen ohimoaan. Heitä oli vain kaksi sotilasta puolustamassa strategisesti tärkeää suoaluetta. Rokan kaveri säikähti ja alkoi ryömiä lumihangessa turvallisemmille "vesille", kun hän tunsi jonkun tarttuvan nilkkaansa ja kiskovan häntä takaisinpäin. Rokkahan se oli, joka oli tointunut saamastaan tällistä ja rohkaisi kaveriaan taas yhteistyöhön. Yhdessä he onnistuivat torjumaan vihollisen yllätyshyökkäyksen.

Mutta eksyinkö taas varsinaisesta aiheesta, tällä kertaa Haisupurosta... – Hiivin oikeaoppisesti aivan puron reunalle. Vesi oli siinä melko vähissä, se lirui hiljalleen pohjan heiniä heilutellen. Tarkensin haukankatseeni äärimmilleen, ja kas: sieltä heinien lomasta erottui melko kookkaan hauen luinen niska! Kyykistyin varovaisesti vielä lähemmäksi, varoen säikyttämästä *in spe* -saalistani (se tarkoittaa: toiveissa olevaa, sen opin myöhemmin latinan tunnilla lukiossa). Sitten vain salamannopeasti käsi niskaan kiinni, raju puristus tempoilevasta hauesta ja loikka kauemmas purosta, ettei *de facto* -saaliini (tarkoittaa tässä: todellisuudessa, varma nakki; olin aika hyvä latinassa...) vain tipahtaisi takaisin puroon. Eikä tipahtanut. Tainnutin puolentoista kilon painoisen (tai pikkupojan puolen sylin mittaisen) hirviön kunnon karahkalla ja pujotin sen roikkumaan pajunvitsakseen.

Entä miten kävi Esan? Hän ei ollut lukenut intiaanikirjoja tai ei ainakaan harjoitellut tarpeeksi hiivintää, sillä hän *luiskahti* puroon (hauesta ei puhettakaan) ja kasteli kenkänsä ja puolireiteen ulottuvat sukkansa. Siihen aikaan näet me pikkupojat jouduimme käyttämään polvihousuja ja pitkiä sukkia, jotka pysyivät ylhäällä sukkanauhojen avulla, jotka puolestaan olivat kiinni vyötäröliiveissä. Joskus olivat kumiset nauhat niin lopussa, että niiden korvikkeiksi piti käyttää paperinarua. Se teki kävelystä vähän jäykempää, naru kun ei jousta kuminauhan tavoin. Vasta kasvettuamme "isoiksi pojiksi" saimme vetää jalkaan pitkät housut, jotka talvisaikaan olivat lämpimät *pussihousut.* No, minä roikotin ylpeänä saalistani kotiin päin, mutta Esa jolkotti perässä alakuloisena märissä kamppeissaan kirjastonhoitaja-isänsä hoivattavaksi.

Sauhuttelua ja taskurahojen hankintaa

Tupakanpoltto se taitaa kiinnostaa lapsia ja nuoria aina jossain vaiheessa, varsinkin jos perheen aikuiset polttavat. Meistä oli jännää nähdä, kun savua pölläyteltiin suusta ja sieraimista. Jotkut osasivat jopa puhaltaa savurenkaita ilmaan leijailemaan. Pitihän sitä päästä kokeilemaan. Jollakin ilveellä olimme saaneet hankittua ja säästettyä muutamia pennosia, ja niinpä kehittelimme juonen, millä saisimme tuota miesten nautintoainetta (niin kuvittelimme...) hankittua. Menimme kyläkauppaan naapurin poikien kanssa ja sanoimme kauppiaalle:

– Isä lähetti meidät ostamaan tupakkaa.

Kauppias tokaisi siihen:

– Mutta teidän isähän sanoi viime viikolla *lopettaneensa* tupakoinnin.

En tiedä, pitikö se paikkansa vai oliko se vain kauppiaan juoni, jolla hän testasi meitä. Se kuitenkin tehosi: ryntäsimme lievän pakokauhun vallassa kaupasta matkoihimme, emmekä ilenneet moneen viikkoon mennä sinne asioimaan.

Tuota kiellettyä hedelmää piti kuitenkin päästä maistamaan. Kerran huomasimme Paavon kanssa, että isältä oli unohtunut vajaa tupakka-aski puseron taskuun. Nappasimme sen käsiimme ja lähdimme Reinon ja Teuvon kanssa lähimetsään "miesten puuhiin". Tulitikut olivat tietenkin mukana. Nautinnollisesti sijoitimme pilliklubin huulien väliin, silleen rennosti, kuten olimme nähneet aikuistenkin tekevän. Raapaisin tikkuun tulen, vein sen tupakan pään alle ja vedin syvän, *nautinnollisen* henkosen. Suuhun ja keuhkoihin tulvi savua, joka tuntui todella karvaalta ja pahanmakuiselta ja sai minut kakomaan pitkäksi aikaa. Samalla tavalla kävi toisillekin. Sammutimme äkkiä nuo myrkkypillit ja palautimme loput alkuperäiseen paikkaansa, isän taskuun. Ensimmäinen tupakkalakkoni alkoi siis viisivuotiaana ja se on kestänyt edelleen. Samoin kävi Paavolle; Pitkäsen pojista en ole ihan varma. Isä ei tainnut huomata vajausta tupakkavarannoissaan, ei hän ainakaan siitä mitään puhunut. Ei isä mikään kova tupakkamies ollutkaan. Taisi tuprutella lähinnä toisten seurassa.

Sitten kun uskalsimme taas mennä asioille kyläkauppaan, niin tupakka-asiasta ei kauppiaskaan puhunut enää mitään. Ei varmaan halunnut karkottaa asiakkaitaan uudemman kerran. Hän jakeli taas hyvänsuovasti meille pojille luunappeja otsaan. Kaipa se oli kauppiaan mielestä hauska ja seurallinen tapa, mutta me emme niistä napeista erityisemmin tykänneet.

Meidän poikien *rahatilanne* oli yleensä aika huolestuttava, kun viikkorahakin oli siihen aikaan tuntematon käsite. Yhteen aikaan pääasiallinen varainhankintamuoto keskittyi kylän kioskiin. Emme suinkaan käyneet siellä mustan pörssin kauppaa tai suorittaneet kioskimurtoja, vaan toimintamme oli ihan rehellistä *vaivannäköä*, joskaan ei aivan siistiä puuhaa. Kioskin kuistin lattia oli näet rakennettu sellaiseksi (materiaalin säästämiseksi? homehtumisen ehkäisemiseksi?), että lautojen välissä oli kohtalaisen suuret raot. Havaintojemme mukaan kioskin asiakkaiden sormet tärisivät sen verran, että pienehköjä kolikoita putosi lattialle, ja rakosista niitä meni myös kioskin alle. Ei niitä normaali asiakas sieltä mitenkään takaisin saanut, ei ainakaan jos oli pyhäpäivä ja ykköskamppeet päällä.

Tästä saimmekin pienen bisnesidean. Kun kukaan ei viitsinyt ryömiä kioskin alle, niin siellä ne kolikot vain odottivat noutajaansa. Kaiken lisäksi olimme vielä sopivan pieniä, joten pääsimme soluttautumaan kuistin alle, ja siellähän niitä kolikoita kiilteli. Tämä puuha suoritettiin tietysti silloin kun kioski oli kiinni, eikä ketään ollut näkemässä. Löytörahat kyllä palautuivat kioskille, sillä pystyimme niiden turvin silloin tällöin ostamaan Tex Willerin tai Kädet ylös -sarjakuvalehden. Oikein hyvin jos kävi, niin pääsimme herkuttelemaan myös jäätelötuutilla, jota nuoleskelimme hitaasti ja hartaasti, jotta nautinto olisi mahdollisimman pitkäaikainen. Silmäilimme ihmeissämme sellaisia jäätelönsyöjiä, jotka ylenpalttisen kiireesti tuhosivat annoksensa haukkomalla siitä paloja.

Nolojen tilanteiden mies

Nuorenkin miehen elämässä sattuu joskus *noloja* asioita, varsinkin jos on hyvin nuori. Kerran kauniina kesäsunnuntaina olin menossa perheystävämme, tumman ja kauniin nuoren naisen kanssa jonnekin juhliin. Perheemme muut juhlijat olivat jo menneet edeltä (en muista miksi, pitikö minun varusteitani etsiä kauemmin vai miten lie...) ja me kävelimme kahden, vieläpä käsi kädessä. Yhtäkkiä minulle tuli pissihätä. En olisi millään ilennyt sanoa tytölle, miten vakava tilanne oli, mutta ei siinä muu auttanut. Hän auttoi ystävällisesti aukaisemaan napit vai liekö ollut vetoketju, hankala systeemi joka tapauksessa, koska en selvinnyt ilman sivustatukea. Kyllä minua harmitti! Tuskin tuo välikohtaus kuitenkaan vaikutti siihen, että suhteestamme ei tullut sen pidempiaikaista. Ystävällinen neito oli nimittäin seitsemäntoista ja minä ehkä kolme vuotta...

Toinen ja vielä enemmän *riisuuntumista* vaativa kohtaus sattui varmaan pari vuotta myöhemmin. Jouduin lähtemään äidin kanssa kylän terveystalolle niin sanotun terveystädin tarkastukseen. Se vastasi varmaan nykyistä neuvolakäyntiä. Kauhukseni tuo vieras nainen ehdotti minulle riisuuntumista, siis kaikki vaatteet pois! Ilmeisesti hän halusi saada yleisvaikutelman lihasteni ja koko kehoni kunnosta. Vaatimus *lamaannutti* minut täysin, sillä en ollut moiseen valmistautunut. Siihen aikaan ei kuitenkaan tiedetty mitään *mee too* -kampanjoista, joten en pystynyt kunnolla puolustautumaan. Mietin kuumeisesti, mikä avuksi. Sitten keksin; sanoin äidille:

– Riisu sinäkin!

Ehdotukseni ei tuottanut toivottua tulosta, joten minä jouduin strippaamaan yksin, kahden naisen painostamana.

Seuraava *kommellus* oli kokonaan omaa syytäni, enkä suosittele sitä operaatiota kenellekään. Oli taas kaunis kesäilta, jostain syystä kaikki kaverit olivat kaikonneet. Yksin mietteissäni ajattelin, että pitäisi keksiä jotain tavallisuudesta poikkeavaa. Yhtäkkiä aloin tuntea pakottavaa tarvetta. Ja kun halusin repäistä oikein kunnolla, niin kiipesin läheiseen koivuun. Riisuin henkselit, tein muut tarvittavat valmistelut ja käytin koivun oksaa *riukuna,* vähän niin kuin armeijan tyyliin, mutta huomattavasti korkeammalla. Ja kyllä helpotti. Kun sitten kiskoin housujani ylös, edelleen yläilmoissa, niin huomasin, että olin tehnyt ratkaisevan virheen: en ollut ottanut huomioon, että henkselit jäivät roikkumaan alapuolelleni, ja näin ollen ne olivat saaneet muutamia täysosumia toimintani tuloksista. Valitettavasti pakottava tarve oli merkinnyt myös löysää vatsaa... Niinpä maankamaralle laskeuduttuani jouduin tekemään alkupuhdistuksen ruohontupsuilla. Edustuskuntoon sain henkselit vasta järven rannassa. Kotona joku kyseli, mitä varten henkselini ovat märät. Vastasin vältellen, että tuolla rannassa ne sattuivat kostumaan...

(Alapää)humoristeja

Oli kylässä muitakin humoristeja kuin asemamies, josta kerroin ensimmäisen postinhakureissuni yhteydessä. Eräskin Alpo oli siitä tunnettu, että hän pystyi *paukuttelemaan* ilmaa peräpäästään aina halutessaan, siltä se ainakin tuntui, kun hänen seurassaan liikkui. Hänen tunnuslauseensa oli:

– Istun yksin, nousen taikka kävelen, niin perse soitti sävelen.

Kerran Alpo esitti raamatuntuntemustaan huutamalla eräälle isännälle, joka oli kiivennyt pihakoivuun liikoja oksia sahaamaan:

– Sakkeus, tule alas puusta! Isännän nimi oli: Sakari.

Toisen kerran olin itse paikalla Joensuussa seuraamassa yleisurheilukisoja. Käynnissä oli kolmentuhannen metrin estejuoksu, ja kuuluttaja selosti:

– Kähkönen johtaa... Mihin meidän Alpomme tokaisi:

– Minnekäs se Kirjavainen on jäänyt?

Joensuussa oli näet siihen aikaan tunnettu vaatetusmyymälä "Kähkönen ja Kirjavainen".

Mihin lie Alpon paukuttelutaito perustunut, mene ja tiedä. Yhden jekun näytti meille saunassa vanhin veljemme Kauko. Hän makasi ylälauteella, köyristi selkäänsä ja keinui edestakaisin. Joka keinauksella kuului pahaenteinen narske.

– Hyi olkoon! me nuoremmat sanoimme ja pitelimme nenäämme.

Kauko vain nauroi ja jatkoi keinumista ja paukuttelua. Vasta vuosia myöhemmin keksin itse kokeilla samaa ja huomasin, että selän ja lauteiden väliin jää ilmaa, ja niinpä keinumisliike synnyttää erehdyttävästi aidon tuntuisen rutinan

Pula-aika

Pula-aika tarkoittaa, että kaikkia tavaroita ei ollut saatavilla niin paljon kuin ihmiset olisivat tarvinneet. Ensimmäiseksi oli puutetta sokerista ja kahvista, mutta sitten myös esimerkiksi lihasta, voista, vaatteista ja kengistä. Nykyään meillä on *runsauden* pulaa: tavaraa ja ruokaa on monilla ihmisillä – myös vanhuksilla ja *nuoruksilla* (termin keksi Arttu Sinkkonen, 9 v.) – liikaa. Mutta se on toinen juttu, josta voisi varmaan kirjoittaa oman kirjansa.

Mistä pula-aika sitten johtui? Syynä oli tietenkin sota, joka alkoi 1939 ja jota kutsutaan toiseksi maailmansodaksi; se päättyi vuonna 1945. Puute oli tietenkin kovin sodan aikana (josta en itse muista mitään, koska olen syntynyt vuonna 1944), mutta tavaroiden *säännöstely* loppui vasta vuonna 1953. Kun puhutaan *korttiajasta*, tarkoitetaan juuri sitä aikaa, jolloin mm. kahvia sai ostaa vain sen verran kuin oli kahvikuponkeja. Vieläkin on olemassa esimerkiksi sanonta "aika on kortilla", eli sitä on vähän, on kiire.

Voita, kahvia ja sikuria

Muistan näitä asioita 40-luvun lopusta alkaen. Kun minut lähetettiin kauppaan, piti ottaa mukaan *kuponkeja*, muuten jäi kahvi ja sokeri saamatta. Kupongit olivat pieniä, ehkä sentti kertaa sentin kokoisia paperilappusia (kiinni toisissaan, jolloin syntyi tuo kuuluisa *kortti*), joita sitten kauppias leikkasi irti sen määrän kuin asiakas osti säännösteltyä tavaraa. Kauppiaat ovat myöhemmin muistelleet, miten kaamea ylimääräinen työ heille syntyi moisesta. Kaiken lisäksi heidän piti tallentaa leikkaamansa kupongit (ilmeisesti liimaamalla ne paperille; ei varmaan niin hauskaa kuin kiiltokuvien liimaaminen...), jotta pystyivät myöhemmin todistamaan tarkastajille, että tavarat olivat menneet oikeille asiakkaille eikä *mustan pörssin* kauppaan. Siinä tavaraa myytiin *"tiskin alta"*: kauppias oli varannut jollakin tavalla hankkimaansa ylimääräistä tavaraa tuttavilleen tai parhaille asiakkailleen tai sitten möi "rahvaalle" ei oota, vaikka tavaraa olisi ollutkin. Pienemmät erät löytyivät todellakin myyntitiskin alta, isommat taas jostain salaisista varastoista. Kaikki kauppiaat eivät suinkaan harrastaneet tätä rikolliseksi luokiteltua touhua.

No niin, olin saanut tehtäväkseni ostaa kilon sokeria ja 250 grammaa kahvia. Niitä ostoksia varten minulla oli huolellisesti nyrkissä kuljettamani kupongit. Oli helpotus, kun sain luovuttaa ne kauppiaalle – näin ollen olin suoriutunut kunniakkaasti tehtävästä pudottamatta arvokkaita kuponkeja vesilätäkköön tai tuulen vietäväksi. Piti ostaa myös *sikuria* kahvin terästämiseksi. Sikuri on kasvi (*Cichorium intybus*), jonka juuresta saadaan paahtamalla kahvin korviketta tai kahviin lisäväriä ja -makua. Sitä käytetään nykyäänkin kahviin Aasian maissa, ja se on suorastaan terveystuote, kertoi internet. Pula-aikana ei ollut varaa keittää niin vahvaa kahvia kuin nykyään, väri oli suunnilleen nykyisen teen kaltainen. Sen vuoksi siihen lisättiin sikuria, jota sai ruskeana pötkynä sinisessä kääreessä. Minusta se oli hyvää sellaisenaan, ja maistelinkin sitä kohtuullisesti jo kotimatkalla.

Oikeaa kahvia ei keitetty joka päivä (pahimpaan sota-aikaan sitä ei saatu ollenkaan, vaan piti tyytyä korvikkeisiin, valmistettu rukiista, ohrasta, lantusta ja voikukan juuresta), eikä sitä meille pienille lapsille annettukaan. Suodatinkahvia ei ollut olemassakaan, vaan tuota himottua juomaa keitettiin *kahvipannuissa,* jotka olivat ennen vanhaan tehty kuparista; sisäpuoli piti tinata, koska kupari on myrkyllistä. Ajan mittaan tina kului käytössä, ja näin sai töitä uusi ammattikunta: *tinurit* kiertelivät maaseudulla pannuja ehostamassa. En tiedä, sairastuiko tai kuoliko miten moni ihminen, jos pannun tinaus myöhästyi ja kuitenkin kahvihammasta kolotti.

Toisilla kymmenillä me lapsetkin saimme maistaa kahvia. Lopetin kuitenkin sen juonnin viisitoistavuotiaana vatsanväänteiden takia. *Kahvilakkoni* ei ollut yhtä pitkä ja lopullinen kuin tupakkalakkoni; kesti se kuitenkin lähes viisikymmentä vuotta. Kahvia alettiin kehua sittemmin terveelliseksi (kananmunat ja voikin olivat saaneet "synninpäästön"), mutta kun muistissani oli 50-luvun kahvin leppeä maku, niin nykykahvi maistui melkoiselta myrkyltä. Niinpä juonkin kotona omatekoista cappuccinoa: sekoitan mukaan kaakaota, hiukan sokeria ja maitoa.

Voita sai ostaa kortilla, mutta annokset olivat niin niukat, että monet kaupunkilaiset mielellään matkustivat maalle sukulaisten luo, ja saivat / ostivat sieltä tuota herkkua. Monesti kävikin niin, että maalle tuli kaukaisia sukulaisia, jotka eivät olleet ilmoittautuneet vuosikymmeniin, mutta joihin oli yhtäkkiä iskenyt sukulaisrakkaus... Sama rakkaus ilmeni myös *lihan* kohdalla, joka tietysti myös oli kortilla.

Porsastelua ja kirnuamista

Meille hankittiin keväisin *porsas,* joka oli kaikkien lemmikki koko kesän. Sitä oli mukava rapsuttaa, jolloin se kellahti selälleen ja oikein ojenteli jalkojaan, jotta kainalotkin saivat kaipaamansa käsittelyn. Mehukas vesiheinä oli porsaan herkkua; sitä se ahmi niin että lotina kuului. Yksikin porsas oli niin kesy, että syksyllä perunannostoaikaan se tuli mukaan pihapellolle ja kaiveli kärsällään perunoita vaoista. Sitten kun mentiin sisään syömään, niin possukin tuli mukana ja sai oman ruoka-annoksensa. Tarinan surullinen loppu oli kuitenkin, että ennen joulua possun päivät olivat luetut. Perheen piti selvitä talven yli omavaraisesti, koska ei ollut rahaa ostaa lihaa kaupasta, jos sitä milloin oli saatavilla.

Oli meillä muutamana kesänä *lammaskin.* Sillä oli mukavan kihara, pörröinen turkki, jota oli hauska silitellä. Lampaat ovat yleensä lauhkeita eläimiä, toisin kuin pässit, jotka mielellään pökkäilevät vastustajiksi luulemiaan olentoja. Lienee peruja niiltä ajoilta, jolloin ne joutuivat käymään ankaria taistoja morsiamista. Meidän neropateille tuli mieleen kokeilla, eikö lammaskin opi päkkäämään. Ja oppihan se, kun sitä kädellä tarpeeksi usein ärsytettiin. Kerran se huomasi sopivan kohteen uudelle taidolleen, kun pikkusiskoni Ritva vajaan kahden vuoden iässä tepasteli pihanurmikolla. Lammas otti vauhtia ja *päkkäsi* menestyksellisesti Ritvan kumoon. Huutohan siitä seurasi ja tietysti pienet jälkiselvittelyt, että kuka ruoja on opettanut lampaan puskemaan. En muista, löytyikö syyllisiä. Lammas oli muuten ihan toisen näköinen laiheliini, kun äiti oli kerinnyt sen villan lanka-aineksiksi. Villa piti sitten karstata ja kehrätä rukilla langaksi. Äiti opetti sen taidon myös isosiskoillemme.

Maalla oli kaikilla, joilla siihen suinkin oli mahdollisuus, oma *lehmä* tai useampikin. Meidän maaplänttimme oli vain reilu hehtaari, joten siinä tuli toimeen vain yksi ammu. Se oli kuitenkin korvaamattoman arvokas siihen aikaan, kun ruuasta oli pulaa. Pysyimme kohtuullisen terveinä, kun saimme joka päivä maitoa ja omasta maasta porkkanoita, lanttuja, nauriita, punajuuria ja kaalia. Talvella halkaisimme tuoreen lantun kahtia, ja *jältimme* (siis raaputimme) siitä lusikalla mehukasta raastetta. Myös porkkanoista saatiin arvokkaita vitamiineja, vaikka emme sitä sanaa tainneet vielä tunteakaan. Lantut olivat hyviä myös paistettuina: kun ne pantiin illalla leivinuuniin, niin aamulla ne olivat kypsiä ja maistuivat ihan lanttulaatikolta. Ihmettelinkin kun myöhemmin eräs saksalainen työkaverini sanoi, ettei hän voi syödä lanttua missään muodossa. Syynä oli se, että sodan aikana Saksassakin oli kova elintarvikepula. Niinpä kansa joutui syömään lanttua ihan sydämensä kyllyydestä – ja varmaan enemmänkin, kun ei tuo juures vielä kymmenien vuosienkaan kuluttua maistunut.

Niin, lehmämme maitoa riitti joskus voin tekoonkin, ihme kyllä. Meillä oli oma *separaattori,* jolla maidosta saatiin kerma erotetuksi (separoiduksi). Laite oli melko monimutkainen: Lämmin maito kaadettiin pyöreään säiliöön, josta lähti kaksi torvea. Kampea pyörittämällä toisesta torvesta tuli *kermaa* ja toisesta *kurria* eli rasvatonta maitoa (Huom! Jari Kurri...). Sitä ei halunnut juoda kukaan, kun oli totuttu täysmaitoon, jonka rasvapitoisuus oli parhaimmillaan viisi prosenttia. Miten sitten kerma saatiin erotettua maidosta? Tapahtuma perustuu Stoken lakiin ja *keskipakoisvoimaan.* (Sitä ei isä meille kertonut, käski vain pyörittää kampea.) Laitteen sisällä on kartiomainen kuula, jonka pyöriminen aiheuttaa kerman erottumisen ihmeen. Kuorittu maito käytettiin hyväksi siten, että sen annettiin hapantua viiliksi, ja sitten se kyllä maistui. Myös vasikat joivat sitä mielellään, milloin sitä niillekin riitti.

Nyt meillä on vasta kermaa – miten siitä saadaan *voita*? Olen itse tehnyt sitä poikasena *kirnussa*. (Muistattehan tarinan kurjesta, joka kostomielessä tarjoili ketulle velliä kirnusta. Kurki pitkäkaulaisena ylsi naukkailemaan sieltä velliä, kettu ei. Kettu oli aikaisemmin isäntänä ollessaan kaatanut vellin kalliolle, josta se nuoli herkun suihinsa kurjen katsellessa nälkäisenä vierestä. - Ei siis kovin vierasystävällistä toimintaa kummankaan osalta!) Niin, se kirnu on korkea, puusta valmistettu putkimainen esine, jonne kaadettiin hapatettua kermaa. Neste saatiin liikkeelle liikuttamalla puista mäntää ylös ja alas. Rytmi oli oleellisen tärkeä! Jos mäntää vain liikutteli tasaisesti, voita ei tullut koko päivänä. Varsi piti nostaa ensin korkealle ja alas mennessä "rumpata" sitä nopeilla liikkeillä edestakaisin. Syntyi rutiseva ääni, ja silloin tiesi, että nyt kotvan kuluttua saadaan voita ja *kirnupiimää*. Se on ohuempaa kuin tavallinen piimä, ja siihen jäi usein pieniä voinokareita. Mainiota ruoka- ja janojuomaa!

Epämuodikasta saapastelua

Vaatteet eivät meillä olleet viimeistä muotia, hyvä jos oli jotain ehjää päällepantavaa. Huomasin vasta myöhemmin ekaluokan luokkakuvasta, miten nätisti siinä hymyili valkotukkainen piltti, jolla oli kohtalaisen kokoinen reikä villapaidassa. Ei meitä kukaan kiusannut pukeutumisesta, kun ei siihen aikaan merkkivaatteita ollut edes olemassa. Talvella kuljettiin villapaidassa ja mahdollisimman lämpimissä housuissa; usein ne olivat sarkaiset *pussihousut* (vanhoissa elokuvissa niitä sanottiin ratsastushousuiksi). Jotkut vitsailivat, että toiseen pussiin sopivat eväät ja toiseen sitten samat aineet, kun ne oli jo kertaalleen käytetty... Kesällä juoksenneltiin polvihousuissa tai pelkissä uimahousuissa, joissa oli lähes sortsipituiset lahkeet. Kun käytiin uimassa, niin liikenteeseen lähdettiin usein samoissa märissä uimahousuissa. Kyllä kesä märkänsä kuivasi. Joskus kyllä uikkareista tuntui leyhyvän kotoinen tiskirätin tuoksu.

Kengissä emme voineet valita sandaalien, kävely- ja juoksu-lenkkarien tai juhlapatiinien välillä, mikä tietysti helpotti päätök-sentekoa. Hyvässä lykyssä omistin kumisaappaiden lisäksi jonkun tason tenniskengät. Kerran ainakin muistan, että olin keväällä saa-nut uudet tennarit ja läksin ne jalassa Majakalliolle maastojuoksu-kisoihin. Reitti oli niin kurainen, että juoksun jälkeen jouduin har-missani putsaamaan uusia kenkiäni. Mikko-serkku lohdutti minua:

– Ei se mitään, voitithan sinä sentään oman sarjasi reilusti!

Kumisaappaat olivat usein tärkeimmät jalkineemme, varsinkin jos oli vähänkin kosteampi ilma. Kun niitä sitten piti päivittäin sää-ret paljaina, niin kaupan päälliseksi sai *variksen saappaat.* Niillä tarkoitettiin punaisia renkaita molemmissa säärissä; ne syntyivät, kun saappaiden varret juostessa läpsyivät paljasta ihoa vasten. Ku-misaappailla pärjättiin talvellakin, kun pehmusteena oli tarpeelli-nen määrä villasukkia. Kerrankin kun pakkasta oli neljäkymmentä astetta (sitä en tiennyt, kun meillä ei ollut lämpömittaria), menin kumisaappaissani puolijuoksua kouluun, eikä siinä ollut mitään on-gelmaa. Ihmettelin kun puolet oppilaista oli jäänyt pois koulusta – ilmeisesti ne, jotka omistivat lämpömittarin...

Juhliako vai eikö olla?

Mieleeni ei ole jäänyt, että minun *syntymäpäiviäni* olisi lapsena milloinkaan juhlittu. Eikä varsinaisesti juuri muidenkaan. Onnittelulaulut eivät siis raikaneet suomeksi – englannista, ruotsista ja saksasta puhumattakaan. Ehkä siitä on jäänyt sellainen asenne, etten jaksa vieläkään niin hirveästi vaahdota ja touhuta synttärien johdosta, nimipäivistä puhumattakaan. ("Ettäpä työ ou tottunu"; tämä erään maalaispojan legendaarinen lausuma ehkä sopii kuvaamaan tilannetta.)

Paavo sai sen sijaan kerran nauttia synttärisankarin eduista: Hän on syntynyt heti vapun jälkeen, ja niinpä silloinen emäntä-sisko havaitsi, että vapputarjoiluista oli vielä jäänyt tähteeksi lasillinen *simaa* ja yksi *munkki*. Paavo sai nauttia nämä herkut minun katsellessani kateellisena vieressä. Olen varmaan syntynyt väärään aikaan, tai väärässä maassa. Jos olisin asunut USA:ssa niin varmaan olisi jäänyt maan itsenäisyyspäivän juhlista (4.7.) jotain tähteeksi minunkin synttäreilleni. Vielä villimpää olisi varmaan meno ollut Venezuelan tai Kap Verden kansalaisena, koska meillä on sama juhlapäivä (5.7.). No, haitannoonko tuo mittää, sannoo savolainen. Muuten, hauska yhteensattuma on, että Ritva-siskoni on syntynyt samana päivänä kuin minä, neljä vuotta myöhemmin, samoin ensimmäinen lapsenlapsemme Josefina – aika paljon myöhemmin. Hänen kanssaan olen sitten päässyt kokemaan yhteisen juhlan riemuja.

"Villit" synttärijuhlat

Poikkeus vahvistaa säännön. Yhdet *syntymäpäiväkarkelot* ovat jääneet mieleeni. Kaksosillamme Hiljalla ja Veikolla on tietenkin sama syntymäpäivä, ja tarkemmin sanottuna kesäkuun 10:s. Heille järjestyi jotenkin juhlat, kun he täyttivät 15 vuotta. Tuon ikäisenähän käydään myös rippikoulu. Ennen sanottiin, että kun on käynyt ripillä ja rokotettu, niin silloin on naimakelpoinen, siis oikeutettu saamaan kirkollisen vihkimisen. Vanhempien suostumus tarvittiin, jos henkilö ei ollut täysi-ikäinen (raja aikaisemmin 21 v., nykyään 18 v.). Tuon varhaisaikuisuuden johdosta sitten ilmeisesti järjestettiin juhlat, kun siihen oli oikein tuplasti aihetta.

Meillä ei yleensä käynyt yövieraita, kun tilat olivat niin pienet. Kesällä mahdollisuudet paranivat, kun myös vintti oli käytössä, ja saunanlauteillekin voi järjestää *hätämajoitusta*. Niinpä meille oli kutsuttu sukulaisia kauempaakin, ja vilinää näin ollen riitti. Laskujeni mukaan täytyi olla olympiavuosi, siis 1952, jolloin täytin kahdeksan vuotta. Tuo vuosi oli näin ollen merkittävä ainakin kolmesta syystä: Helsingissä kaikkien aikojen parhaat olympialaiset, Armi Kuusela valittiin maailman ensimmäiseksi Miss Universumiksi, ja Niittylahdessa järjestettiin kaksosten synttärijuhlat!

Juhlaseremonioita en sen tarkemmin muista, mutta hauskaa touhua riitti. Aika paljon varmaan oltiin ulkona, koska sää oli mitä parhain. Todennäköisesti leikittiin myös perinteisiä leikkejä, joista aikaisemmin olen kertonut. Tarkimmin on mieleeni jäänyt yömajoitus omalta kohdaltani: Kun kaikki paikat olivat täynnä yöpyjiä, katsoin parhaaksi valita leposijakseni pihan heinäladon. Sinne oli mukava kaivautua tuoksuvien heinien sekaan. Torkahdinkin pian päivän puuhien uuvuttamana, mutta sitten tuli äkkiherätys; alkukesän ärhäkät itikat olivat löytäneet minut heinien seasta ja ryhtyivät tekemään "verikokeita". Kun nukkumisesta ei tullut mitään, niin minun piti lähteä etsimään jotakin *hurstia* (taisin löytää jonkin vanhan räsymaton) ympärilleni suojaksi. Sen "unilääkkeen" avulla nukuin sikeästi aamuun saakka.

Myöhemmin joskus liftausreissuilla yövyimme Helenan kanssa heinäladoissa, ja hyvin aina nukutti, kun ilmanvaihto toimi tehokkaasti seinälautojen raoista. Helenaa kyllä joskus palelsi; nähtävästi aviomiehen lämmitystaidoissa olisi ollut parantamisen varaa...

Itikoista puheen ollen, niin anoppini Maija (oikeastaan Maria Josefiina), joka oli aika velmu sanan hyvässä merkityksessä, käsitti tahallaan puheeni väärin: minä muka puhuin *lehmistä*, kun mainitsin sanan itikka. Pohjanmaalla todellakin tuo sana aikoinaan tarkoitti lehmää. Niinpä Seinäjoella oli aikoinaan Itikka-niminen iso lihanjalostusliike, joka nykyään tunnetaan Atria-nimellä. Kun ajelimme Savosta anoppilaan, niin Itikanmäeltä käännyttiin Ylistaron suuntaan. Ensimmäinen automme oli tiilenpunainen *Lada,* joka olikin täyteen kuormitettu, kun edessä oli kaksi aikuista ja takana neljä lasta (sillä ajelimme muuten läpi Ruotsin, Tanskan ja Saksan). Kun lähestyimme mummolaa, järjestimme usein kisan, kuka ensimmäiseksi näkee punaisen rakennuksen ja huutaa: "mummola!". Tulokset olivat vaihtelevia, ja joskus syntyi pientä sisaruksellista kähinääkin siitä, kuka oli parkaissut ensimmäisenä.

Ennen kuin unohdan, niin kerron tässä myös yhden automatkailumme piirteen, jolla näytti olevan suorastaan *mykistävä* vaikutus perässämme ajavaan autokuntaan. No niin, olimme havainneet, että autoillessa aurinko paistoi milloin mistäkin kulmasta ja saattoi häikäistä niin edessä kuin takanakin istuvia. Hankimme siis koko porukalle aurinkolasit. Kun takamatkustajilla ei ollut muuta tekemistä, niin he kääntyivät koko roikka, neljä *mafioson* näköistä hahmoa, tummissa laseissaan tuijottamaan takana ajavaa autoa. Vaikutus oli ilmeisesti aika tehokas, koska naapuri yleensä alkoi pitää reilumpaa turvaväliä.

Joulu juhlista jaloin

Kun kotona ei ylenmäärin juhlittu, niin osallistuimme kernaasti muihin kylän rientoihin. Koulun *joulujuhla* oli yksi merkittävimmistä talviajan tapahtumista, ja niihin olimme innokkaita lähtemään jo ennen kouluikää. Juhla alkoi varhain, jo aamuseitsemältä, joten sinne piti lähteä pilkkopimeässä, ja nimenomaan *jaloin,* kun mitään kulkupeliä ei ollut. Ennen joulua on monesti liukkaat jäätikkökelit, ja niin silloinkin. Teitä ei aurattu eikä hiekoitettu, vaan kukin liukasteli eteenpäin parhaansa mukaan. Muistan että eräänä vuonna olin juuri saanut edustusasukseni uudet pussihousut. Pilkkopimeällä jäätiköllä oli siellä täällä vesilammikoita (vesilaaksoja, sanoi appeni Manne Ylistarossa), ja tietenkin liukastuin yhteen niistä. Oli se aika kurjaa kompuroida sieltä ylös ja jatkaa matkaa märissä, joskin uusissa pussihousuissa. Mutta ajatukset tulevasta juhlasta saivat kestämään.

Ja kyllä kannatti! Oli ihanaa astua pimeältä pihalta himmeästi valaistuun luokkaan, jossa komeili kattoon ulottuva *joulukuusi* latvassaan tähti ja oksillaan loistavat vahakynttilät. Ohjelma oli tuttu ja perinteinen: kuvaelma Pyhästä perheestä (Joosefin ja Marian roolit olivat aina hyvin tavoiteltuja, Jeesuksena nätti, isokokoinen nukke), koulun kuoron lauluja, *Enkeli taivaan* yhteislauluna ja tietysti opettajan puhe ja todistusten jako koululaisille. Parasta kaikesta kuitenkin oli tarjoilu: kaikki lapset saivat mehua ja ison, kauniin ruskeaksi paistetun voipullan. Tässä vaiheessa aamu alkoi jo sarastaa, ja kotiin saimme astella turvallisemmin lätäköitä kierrellen, housujen pussit jo kuivina lepattaen.

Koulun joulujuhla oli muistaakseni aaton aattona. Kotona tietysti juhlan kohokohta oli aattoilta. *Jouluruokia* oli valmisteltu jo hyvissä ajoin. Piirakkatalkoissa tehtiin parisataa piirakkaa, tarjolla oli myös omatekoista lanttu- ja porkkanalaatikkoa ja *sillsallaa* (nimitys tulee ruotsin kielestä: "sillsallad" eli sillisalaatti). Siihen tarvitaan punajuurta (siitä punainen väri), silliä, perunaa, porkkanaa, sipulia, suolakurkkua ja haluttaessa erilaisia mausteita. Pohjanmaan juhlissa on usein tarjolla *rosollia / sallaa*, joka näyttää ihan samalta kuin sillsalla, mutta usein siitä puuttuu silli. Liharuokana meillä oli karjalanpaistia tai kinkkua. Äiti halusi myös *lipeäkalaa*, joka ei ollut meidän lasten suosiossa. Siihen aikaan se jouduttiin liottamaan kapakalasta, joka on ilmakuivattua turskaa. Nykyään lipeäkalaa saa myös pakastettuna, jolloin sen valmistus on yksinkertaisempaa. Kala ei sellaisenaan maistu oikein miltään, joten se kaipaa mausteita, yleisimmin suolaa ja pippuria. Itsekasvatuksen ja perinteiden vuoksi ("mikä ei tapa...") söin työpaikalla aina lipeäkalaa, kun sitä kerran vuodessa oli tarjolla. Kotona sitä ei ole tullut useinkaan laitettua joulupöytään. Pyynnöstä lupaan kyllä sitä järjestää...

Joulukuusi, tähti ja *talikynttilät* olivat tietysti välttämättömät tunnelman luomiseksi. Koristelu oli nykyistä koruttomampaa: koristekaramelleja, itse tehtyjä pipareita ja olkikoristeita; oksille saatettiin kietoa myös hopeanväristä koristenauhaa eli lamettaa.

En ole nykyäänkään liian koristelun kannattaja. Kuusen vihreät oksat ovat pääasia, tähti muistuttaa Beetlehemin tähdestä, ja kynttilät ennustavat valon voittavan pimeyden. Mielenkiintoista on, että joulujuhla on sijoitettu vanhan, pakanallisen *valonjuhlan* aikaan. Se ei siis ole täsmällinen Jeesuksen syntymän ajankohta.

Maittavan aterian jälkeen alettiin odottaa *joulupukkia*, joka pian kolistelikin oven takana ja kyseli:

– Onko täällä kilttejä lapsia?

Olihan niitä, joten sitten päästiin lahjojen jakoon. Niitä ei tullut läjäpäin, kuten nykyään on tapana, vaan pari kappaletta kullekin. Vakiolahja oli uusi alusvaatekerrasto, joka tuli tarpeeseen ja oli mieluinen. Toinen tyypillinen lahja oli pieni paperipussi, samanlainen kaikille; siinä oli punaposkinen omena ja muutama karkki. Omenat olivat harvinaista herkkua, joten yritin pitkittää nautintoa järsimällä etuhampailla mahdollisimman ohuita siivuja. Jossain vaiheessa meille istutettiin perunamaalle pari omaa omenapuuta, jotka muutaman odotteluvuoden jälkeen tekivätkin ihanan maukkaita, punaposkisia hedelmiä. Niitä sai ottaa harvakseltaan vain luvan perästä. Pettymys oli suuri, kun ne sitten erään talven tulipalopakkasissa paleltuivat kuoliaaksi. Kävi niin kuin Putkinotkon omenapuille Joel Lehtosen romaanissa Kuolleet omenapuut. Ei niitä enää näkynytkään Lehtosen huvilan pihamaalla, kun Savonlinnaan muutettuamme soutelimme Haapaveden yli Putkinotkon rantaan.

Sattui niitä pettymyksiäkin lahjojen kanssa. Kerran sain pukilta uudet, pehmeät *villasukat,* jotka sitten panin uunin *ranssille* odottamaan seuraavaa päivää ja ensikäyttöä. Uunista oli kuitenkin aika äskettäin vedetty hehkuvat hiilet viereiseen hellaan (nerokas systeemi: uunin hiilet hyödynnettiin vielä hellan käyttöön). Ranssihan on uunin päällystää kiertävä reunus, jonne voitiin panna vaikkapa kosteita sukkia ja lapasia kuivamaan. Lahjasukkani olivat tietenkin kuivat, mutta ajattelin, että sieltä ne aamulla löytyvät nopeimmin jalkaan. Pahaksi onneksi toinen sukka tipahti alas kuumille hiilille, ja salamannopeasta reaktiostani huolimatta sen kantapäähän kerkisi kärähtää reikä. Siinä oli uusi sukkani pilalla! Itkuksi se meni, mutta minua lohduteltiin, että kyllä siitä vielä parsimalla sukan saa. Ja niin saikin, olinhan koulussa oppinut parsimaan. Toinen pettymys sattui sitten uusille lahjasuksilleni koulun mäenlaskussa, kuten aikaisemmin olen kertonut.

Vappu

Alkukesän juhlistahan ensimmäinen on *vappu*. Saksan kielessä sitä ei kutsuta naisen nimellä, vaan koruttomasti: toukokuun ensimmäinen. Suomessa ja Ruotsissa juhlan nimi periytyy katoliselta Valburgnimiseltä pyhimykseltä, joka eli kauan, kauan sitten, 700-luvulla. Vapun päivänä eli *valpurina* ollaan juhannukseen jatkuvan pikkukesän kynnyksellä. Maija-anoppini kertoi, että hänen lapsuudessaan vapusta alkaen käveltiin paljain jaloin syksyyn saakka. Ilmeisesti kenkiä piti säästää kulumiselta. Nykylapsista taitaisi tuntua aika roisilta, jos heidät pakotettaisiin samaan systeemiin.

Muistan kyllä monia vappuja, jolloin oli niin lämmin, että juoksentelimme ulkona paljain jaloin. Tuntui aivan kesäiseltä. Eräänä vuonna kuitenkin Jyväskylässä vappuyönä oli satanut kymmenen senttiä lunta, ja maa oli kauniin valkoinen. Ei se lumi tietenkään kauan kestänyt. Myös Schwarzwald-vuoriston rinteillä oli lunta vappuna, kun olin yhtenä kesänä opiskelemassa Freiburgin yliopistossa. Sieltä lumen seasta kurkisteli sinisiä krookuksia. Sinä kesänä muuten opin tuntemaan hyvän ystäväni Hermann Dischingerin, jolta sain myös heinädiplomin.

Vappuun kuuluivat *ilmapallot* ja vappuhuiskut sekä puhallettavat pahviset vapputorvet, joista parhaassa tapauksessa lähti vielä äreät torvisoiton äänet. Niillä pyrittiin ennen vanhaan karkottamaan pahoja henkiä. Tätä rekvisiittaa olivat joskus isommat sisaruksemme hankkineet meidän kaikkien iloksi. Vappuhan on kevään ja nuorison iloinen juhla. Opiskeluaikana kuljettiin koko päivä ylioppilaslakki päässä ja nautittiin simaa ja munkkeja. Kämppäkaverini Laakson Pertin kanssa innostuttiin myös pyörimään alas Jyväskylän harjun rinnettä, mikä ei tehnyt hyvää Pertin vaalealle "perperille" (eli popliinitakille). Ruohosta tarttuneet vihreät läikät eivät niin vain lähteneet pesussakaan. Onneksi minun takkini oli tummempi.

Vappu on myös työväen juhla. Sitä ei niinkään huomannut kotikylässäni, mutta kylläkin myöhemmin Savonlinnassa, jossa työväki marssi punaiset liput liehuen kaupungin halki. Nykyään marssirivit ovat lyhentyneet, ja muutkin kuin työväenpuolueet ovat alkaneet pitää puhetilaisuuksia.

Äitienpäivää

alettiin juhlia Yhdysvalloissa vuonna 1905. Suomeen se tuli v. 1918, ja päivämäärä on toukokuun toinen sunnuntai. En muista, että kotona olisi tästäkään juhlapäivästä kovin riehaannuttu; toivottavasti äitiä sentään onniteltiin ja tarjottiin kahvit. Tasa-arvon nimissä on sitten alettu viettää myös *isänpäivää* (vähän myöhäisherännäisesti, vasta 1970-luvulta alkaen) puoli vuotta äitien jälkeen, eli marraskuun toisena sunnuntaina. Miksi sitten juhla on *äitien* mutta ei *isien*? Veikkaan että kyseessä on pyrkimys kielelliseen helppouteen: "äidinpäivässä" on hankala, suomen kielelle vieras konsonantti d, joten pohjalaiset joutuisivat siinä vaikeuksiin, he kun pesevät naamansakin "verellä"... "Isien"-sana taas kuulostaa peräti juhlalliselta, joten on tyydytty yksikkömuotoon.

Isänpäivä ei siis minun lapsuudessani ollut vielä syntynytkään, mutta äitejä kyllä juhlittiin ihan virallisissa tilaisuuksissa. Yksi tapahtuma on jäänyt erityisesti mieleeni. Kouluikäiset sisarukseni kertoivat juttuja, miten koululla järjestettävässä äitienpäiväjuhlassa on kaikille tarjolla moninaisia *herkkuja* aina täytekakusta alkaen. –

Sinne paratiisiin täytyy päästä, ajattelin vaikka en ollut vielä edes koulussa. Lähdin yksin marssimaan kahden kilometrin päässä olevalle juhlapaikalle. Ainakin osa kouluikäisistä sisaruksistani oli varmaan mennyt sinne jo aikaisemmin, koska koululaiset esittivät siellä keväistä ohjelmaa (peikkoja ja keijuja: "Me kainoja ollaan ja pieniä vaan", ja sitä rataa). Muistan miten sää oli poikkeuksellisen lämmin, ruoho vihersi ja linnut lauloivat, tuntui ihan kesältä. Oli mukava kävellä kaikessa rauhassa ja arvailla herkkupöydän lajirunsautta. Eikä se pettymystä tuottanut. Siinä kävi vain samaan tapaan kuin joulunkin kanssa: päivänsankari taisi jäädä mielessäni vähän sivuosaan.

Kansakoulun kevätjuhlat

olivat mieleenpainuvia juttuja. Ensinnäkin ne merkitsivät kesäloman alkamista, ja toisekseen niihin harjoiteltiin huolellisesti (kuten joulujuhlaankin) monenlaiset ohjelmat.

Oli runoa ja näytelmää, eikä kukaan pahastunut, kun lopuksi kajautettiin hartaasti Suvivirsi, Jo joutui armas aika ja suvi suloinen. Omat mummini ja ukkini olivat tosin jo edesmenneet, joten he eivät päässeet sinne esityksillemme taputtamaan ja "aaltoja" tekemään. Lopuksi jaettiin todistukset, joita sitten innolla tutkittiin, että oliko numerot nousseet joulutodistukseen nähden. Usein olivat, sillä opettajilla näytti olleen taktiikkana vähän pihistellä joulutodistuksessa, jotta saatiin porukka kirimään kevättä kohti. Oppikoulussa joillakin opettajilla oli yhtä raaka systeemi kuin armeijassa:

– Ja teistäkö sitten pitäisi ylioppilaita / sotilaita tehdä!? Saatiin tuntea oma vähäpätöisyytemme suuren tavoitteen edessä. Mutta ihme ja kumma – niin meistä vain tehtiin... Sain yleensä joka kevät pienen stipendin, josta osan sijoitin ostamalla sata grammaa lakua pieneksi palkinnoksi talven raadannasta kirjojen ääressä, ja loput panin säästöön satunnaisia menoja varten (eihän Tex Willereitäkään ilmaiseksi saanut).

Juhannus

oli kesän suurin juhla. Silloinhan Suomen kesä alkaa olla kauneimmillaan, kala nappaa onkeen ja varpaita voi huljutella lämpimissä vesissä (tämä oli tilanne ennen ilmastonmuutosta). Rappujen eteen haettiin juhannuskoivut ja sauna pantiin lämpiämään jo hyvissä ajoin. Mitään erityisiä juhannusruokia ei tule mieleeni, mutta kerran juhannuspäivänä sain kokea miellyttävän yllätyksen, lienenkö ollut jossain linnunpesiä etsimässä tai hepokatteja metsästämässä, kun myöhästyin iltapäiväkahveilta. Torujen sijaan minulle sanottiin, että menehän katsomaan kaivolle, mikä sinua siellä odottaa. Nostin ylös narun varassa roikkuvan peltisangon; siinä säilytettiin ruoka-aineita, joiden piti olla tavallista viileämmässä (jääkaappia en ollut silloin vielä nähnytkään). Sinne oli säästetty loput jäätelöpaketista ihan minua varten. Olihan se jäätelö jo jonkin verran vetristynyt, mutta kyllä maistui makealta! Kyseessä ei näet ollut mikään jokapäiväinen herkku.

Juhannusohjelmaa ei meidän pikku kylässämme yleensä ollut mitään erityistä. Joskus mentiin rantaan ja sytytettiin pieni nuotio juhannuskokkoa mallaamaan. Kerran sinne oli tullut vähän kauempana asuvia siirtokarjalaisia, joista joku oli kasannut rannasta risuja ja sytytteli niitä loitsujen kera:

– Syty kokko, pala kokko!

Erikoista oli, että hänen puheestaan puuttui loppuhenkonen eli *aspiraatio* käskymuotojen viimeiseltä tavulta. Se teki heidän puheestaan erikoisen tuntuista. Oudolta kuulosti myös, kun he kieltelivät lapsiaan menemästä liian syvälle uimaan:

– Elekee mänkee syvälle!

Yhtenä juhannusaattoiltana päätimme Pirkko-siskon kanssa lähteä kokeilemaan kalaonneamme, kun perheemme oli vihdoin saanut oman soutuveneen. Kaivoimme madot peltipurkkiin, ja eikun onget olalle ja ruohikon reunaan kaloja narraamaan. Se oli mukavan rauhallista puuhaa, ja tapahtui ennen niitä ikävuosia, jolloin ei millään voinut jäädä pois juhannuksen lavatansseista.

Kerran sentään "Sinkkosten rannassa" järjestettiin *repäisevät* juhannusjuhlat. Primus motorina eli alkuunpanijana oli nuorisoseuramme vetäjä Siiri Koponen. Idea sai ehkä alkunsa siitä, että Koposten mahtava Siperian hernepensasaita (Caragana arborescens) oli kaadettu, ja siitä saatiin rantaan mahtava kokko. Eikä me pelkkään tulenroihuun tyydytty, vaan esitettiin kohtalainen määrä kansantanhuja Siirin johdolla. Väkeä oli rannassa runsain määrin, joten juhannustempauksemme määriteltiin onnistuneeksi tapahtumaksi.

Senttejä ja sekunteja

Kerroin jo aikaisemmin, miten seurasimme naapurissa radion avulla Helsingin olympialaisten maratonjuoksua vuonna 1952. Samana vuonna Armi Kuuselasta "leivottiin" *Miss Universum*. Ne kisat olivat lajissaan ensimmäiset ja herättivät maailmanlaajuisen huomion (kuten kilpailujen nimestäkin voi päätellä). Harmi vain, että Armi ei valinnut suomalaista aviomiestä vaan meni Filippiineille Gil Hilarion völjyssä. Noissa kisoissa ei laskettu sekunteja, mutta sentit taisivat ratkaista...

Kansainvälistä väriä

Ne olympialaiset olivat sodan jälkeiselle Suomelle hirmu tärkeä tapahtuma. Järjestäjät satsasivat kaikkensa sen eteen, että kisat onnistuisivat hyvin. Ja onnistuivathan ne: vielä kymmeniä vuosia niiden jälkeen puhuttiin, että ne olivat parhaat ja oikeat, kodikkaat, olympialaiset, kun myöhemmin niiden mittakaava muuttui aivan valtavaksi; sanalla sanoen niistä on tullut spektaakkeli.

Olympialaisten mukana Suomeen tuli *Coca Cola,* joka oli sitä ennen ollut meillä tuntematon juoma. Kilpakentillä nähtiin myös oikeita *neekereitä* (sitä sanaa käytettiin tuohon aikaan ihan normaalisti tummista / mustista urheilijoista). He edustivat useimmiten USA:ta tai Jamaikaa ja olivat yleensä sprinttereitä. Ajateltiin että mustat urheilijat ovat *nopeita* mutta eivät pärjää pitkillä matkoilla. Kukaan ei silloin osannut aavistaa, että myöhemmin Kenian ja Etiopian kestävyysjuoksijat suorastaan valloittavat maailman juoksuradat. Senhän olivat aikaisemmin tehneet *suomalaiset* alkaen Hannes Kolehmaisesta ja Paavo Nurmesta jatkuen Lasse Vireniin. Afrikasta ei Helsingissä tainnut olla juurikaan kilpailijoita.

Ehkä suurimman vaikutuksen *pikajuoksijoista* tekivät Jamaikan pikimustat George Rhoden ja Herbert McKenley, jotka ottivat kaksoisvoiton 400 metrillä, ja USA:n Andrew Stanfield, joka johdatti amerikkalaiset kolmoisvoittoon 200 metrillä. Mukana olivat muuten myös Suomen Adolf Turakainen (myöhempi radioselostaja) ja Voitto Hellsten, joka neljä vuotta myöhemmin voitti Melbournen olympialaisissa pronssimitalin 400 metrin juoksussa ja kunnostautui maaotteluissa Ruotsin kaatajana.

Mitenkä minä innostuin nyt näitä nimiä luettelemaan? No, vielä niitä on jonkin verran muistissa, mutta silloin pojankosseina me Paavon kanssa luimme moneen kertaan läpi Huippu-urheilun historian ja olympialaisten historiat – ja myös osasimme ulkoa olympialaisten yleisurheilulajeista vähintään kolme parasta, uskokaa tai älkää. Siihen aikaan kiinnostuksen kohteena olevat asiat suorastaan liimautuivat muistiin. Kun koulussa joskus sai tehdä *tietokilpailukysymyksiä*, niin oma bravuurini oli seuraavanlainen: Mainitse kolme parasta Berliinin olympialaisten 10 000 metrin juoksussa! (Kisat pidettiin sivumennen sanoen vuonna 1936 , Hitlerin ollessa vallassa.) Yleensä kukaan ei tiennyt oikeaa vastausta: Salminen, Askola, Iso-Hollo. Tuota kisaa suomalaiset saivat seurata jo radion välityksellä. Historiaan on jäänyt kuuluisa Martti Jukolan selostus viimeiseltä kierrokselta:

– Murakoso jää, Murakoso jää...!

Kohei Murakososta tulikin sitten tunnetuin japanilainen Suomessa. Suomen voittoisa trio kyllä tiesi jo etukäteen, ettei "Mura" ollut kirimiehiä.

Pekka ja Paavo

Omakohtaisesti muistiin jäänyt kiihkeä *urheiluselostus* oli joskus viisikymmenluvulta maaottelussa Ranskaa vastaan. Siinä Pekka Tiilikainen selosti myös kympin juoksun viimeistä kierrosta. Kärjessä olivat Ranskan Alain Mimoun (kaksi hopeamitalia Helsingin kisoista heti Zatopekin jälkeen) ja Suomen Hannu Posti. Mimoun lähti takasuoralla rajuun kiriin, mutta "Posti voimalla vastaan, Posti voimalla vastaan...", karjui Pekka Tiilikainen. Ja sillä voimalla Posti sai harvinaisen päänahan. Samassa maaottelussa käytiin myös kova 400 metrin juoksu, jossa Voitto Hellstenin kilpakumppanina oli Ranskan "yönmusta ja öljynliukas Dibonda". Sanojen takana oli legendaarisen selostajakaksikon toinen osapuoli Paavo Noponen, entinen pikajuoksija hänkin. Tämäkin taisto ratkesi suomalaisen eduksi. Jo tuohon aikaan niin Ranskan kuin Englanninkin urheilu sai kovia vahvistuksia entisistä alusmaistaan. Mimoun oli algerialaissyntyinen ja Dibonda tuli jostakin "mustan Afrikan" maasta.

Kaksikon *työnjako* oli selvä: Paavo selosti aina pikajuoksut, jossa tarinaa piti tulla kuin konekivääristä; Pekka taas oli omimmillaan pitkillä matkoilla ja erityisesti 50 km:n hiihdoissa, joissa siihen aikaan kesti pitkän aikaa, ennen kuin saatiin uusia väliaikoja. Pekka keksi aina jutunjuurta, rupesi vaikka muistelemaan menneitä kisareissuja. Molemmat olivat myös erittäin *isänmaallisia* miehiä. Pekalta kerrotaan jopa lipsahtaneen:

– Toivottavasti se ei ollut suomalainen, kun moukari lensi katsomoon Suomi–Ruotsi-maaottelussa kolhien jotakuta katsojaa.

Paavo puolestaan joutui joskus jopa tilapäisesti hyllytetyksi selostajantehtävistä, kun hän niin intomielisesti puhui siniristilipusta ja Suomen ihanuudesta. Hyllytyksen taustalla lienee ollut radion silloinen pääjohtaja, kova vasemmistolainen Eino S. Repo.

Urheiluselostuksia oli seurannut tarkasti myös *lankomieheni* Einari Ryynänen. Hän oli kerran Niittylahden uimarannalla mukana (sitä sanottiin muuten "Sinkkosen rannaksi", kaipa sen mukaan, ketä siellä useimmiten näkyi uimassa) kun minä sukelsin veteen. Sieltä noustuani Einari loihe lausumaan: "yönmusta ja öljynliukas Dibonda...". Olin tosiaankin saanut sinä kesänä runsaasti aurinkoa, ja märkä ihohan näyttää yleensä entistäkin tummemmalta.

Berliinin kisoista vielä sen verran, että Hitlerin suunnitelmien mukaan niistä piti tulla arjalaisen rodun ylivertaisuuden näytöspaikka. Kun sitten pituushypyssä Saksan toivo Luz Long hävisi USA:n mustalle Jesse Owensille, niin kerrotaan Hitlerin suuttuneena poistuneen aitiostaan. Owens näyttikin kaapin paikan saksalaisille voittamalla neljä kultamitalia: pituuden lisäksi 100 m, 200 m ja pikaviesti.

Lenkkejä ja loikkia

Edellisestä ehkä käy ilmi, että meillä veljeksillä, Paavolla ja minulla, oli vahva teoreettinen tausta urheiluasioissa. Pyrimme soveltamaan sitä myös käytännössä ja aloitimme säännölliset juoksuharjoitukset tähtäimessä tietenkin – *olympiakultamitalit.* Lenkillä käytiin harva se päivä maantietä pitkin, kun kunnon metsäpolkuja ei lehtimetsäpöheiköistä löytynyt. Vasta myöhemmin sain tutustua mäntykankaiden polkuihin, joita pitkin on ihana juosta. Spurtteja otettiin kotimökin läheisellä suoralla niin että kivet sinkoilivat. Muistan että monivuotinen tavoitteeni oli alittaa sadalla metrillä (mikä tarkoitti kahta sähköpylväsväliä maantieradallamme) viidentoista sekunnin haamuraja. Vuosien ponnistelun jälkeen tavoite taisi onnistua rippikouluiässä. Spurtit siis tehtiin paljain jaloin, eikä alla ollut mitään tartania tai mondoa.

Ohjelmassa olivat myös pituus- ja korkeushyppy. Ongelmana oli kunnon suorituspaikkojen puute. Kotipihalle asensimme laudanpalan *ponnistuslankuksi* ja kehittelimme jostain pienen sahanpurukeon alastulopaikaksi. Kyllähän siinä pystyi jotenkuten loikkimaan. Pituudessa minulla oli haamurajana pitkään neljä metriä, joka taisi ylittyä ensimmäisen kerran lyseon urheilutunnilla Joensuun urheilukentällä kahdentoista vuoden iässä.

Pituusharjoittelussa teimme pienen *jekun* kaksi vuotta minua nuoremmalle Riikosen Heikille. Sanoimme että sitä pidemmälle lentää, mitä pidemmän vauhdin ottaa. No, Heikkihän otti viidenkymmenen metrin vauhdin, läähätti hirveästi lankulle tullessaan eikä "liidellyt" kovinkaan pitkälle. Veikko-veli kujeili muuten vielä enemmän erään pikku-pojan kanssa (en muista, kenen poikia hän oli). Ikää pikkumiehellä lienee ollut 2 – 3 vuotta. Veikko oli huomannut – tuoksun perusteella kai – että kaverilla oli mennyt huonot housuun, mutta toinen ei halunnut sitä tunnustaa. Niinpä velipoika oli ehdottanut *hippasille* rupeamista. Aluksi hippakaverin juoksu oli ollut verrattain kankeaa, mutta "kuorman" lämmettyä vauhti oli kyllä siitä reipastunut...

Kotikyläni, Niittylahti, oli varsin pieni paikkakunta, joten siellä Paavo ja minä olimme juoksuratojen kunkkuja ikäluokissamme. Varmaan harjoittelimme myös ahkerimmin. Harmitti vain, että kisoja oli niin harvakseltaan, yleensä vain kerran kesässä. *Palkinnoiksi* ei saatu sellaisia mahtavia pyttyjä, kuin nykyään jo "Takahikiänkin" pitäjänmestaruuskisoissa. Jaossa oli alpakkalusikoita tai parhaassa tapauksessa vähän sormustinta suurempia pikareita. Ne olivat kyllä arvossaan. Isäkin kanteli niitä vieraille näytiksi ("Nää on meijän poikien..."), vaikka usein oli murisemassa, että "ainako sitä pittää olla muantielä ravoomassa; tekisivät sennii aikoo töitä...", kun oli harjoituksiin lähdön aika.

Kun varsinaisia kilpailuja oli niin vähän, niin keksimme myös *omia tapahtumia*. Muutamana kesänä vierailimme serkkujemme Jaakon, Laurin ja Kyöstin luona urheilemassa. Pojat olivat tehneet kotipihalleen laatuunkäyvät pituus- ja korkeushyppypaikat. Siinä kelpasi loikkia vaakasuoraan ja ponnistaa kohtisuoraan riman yli (ei nyt ihan kirjaimellisesti...). Muutamia episodeja jäi mieleen erityisesti. Kyösti oli kaikkein nuorin, mutta halusi kuitenkin olla mukana, kun hyppäsimme *korkeutta*. Tapahtumaa seuraamassa ollut, jo aikuinen serkkumme Mikko purskahti nauramaan, kun Kyösti "meni suorana kuin tikku riman yli". Kyösti suivaantui moisesta ja meinasi särkeä hyppytelineet. Saimme hänet kuitenkin lepyteltyä, ja kisat jatkuivat. Tämä sisupussi olikin varsin lahjakas urheilijanalku.

Poikien äiti, Hilma-täti, oli lempeä ja viisas ihminen. Hän vaikutti myös ammatinvalintaani. Kun kerroin aikovani kansakoulunopettajaksi, kun siitä sai ammatin jo kahden vuoden opiskelulla, niin hän sanoi:

– Kun kerta olet lukenut ylioppilaaksi, niin ei sinun kannata kansakoulunopettajaksi ruveta; siihenhän pääsee kansakoulupohjaltakin. Otat vaikka lainaa, sen pystyy kyllä maksamaan takaisin.

Ja niinpä läksinkin lukemaan mieliaineitani saksaa ja ruotsia, eikä lainaakaan tarvinnut ottaa paljon mitään, kun olin kesätöissä ja säästin joka pennin kuten lukioaikanakin.

Sulkapalloa ja kuulaotteluita

Yleisurheilukentältä siirryimme poikien *sulkapallokentälle*. Se ei tietenkään ollut Wimbledonin kaltainen, millinsileä ruohokenttä, vaan varsin kuhmurainen pelialue, jossa oli sentään verkko tolppien välissä ja kepillä piirretyt rajat. Tässä kilvassa oli mukana myös Mikko, mutta hänen hymynsä hyytyi siinä vaiheessa, kun hän löi ukkovarpaansa yhteen kentällä vaanivista kivistä. Seurauksena oli, että varvas turposi niin muhkeaksi, ettei kenkä mahtunut jalkaan. Ongelmana (nykyään kai sanottaisiin: haasteena) oli kaiken lisäksi, että Mikon piti lähteä seuraavana päivänä, maanantaina (kisailu pidettiin tietenkin sunnuntaina, ainoana vapaapäivänämme kesätöistä) uuteen työpaikkaansa Savonlinnaan. Mikko oli näet äskettäin valmistunut rakennusmestariksi. Kyllä hän töihin oli mennyt. En ole saanut tietää, minkälainen huopatossu siihen jalkaan sitten oli pitänyt vetää.

Hauska yhteensattuma muuten oli, että noin viidentoista vuoden kuluttua muutimme Savonlinnaan asumaan Jukolansaloon, joka oli ollut Mikon ensimmäinen työpaikka rakennusmestarina. Talot seisovat vieläkin upealla paikallaan Haapaveden rannalla, mikä oli ratkaiseva tekijä asuinpaikan valinnassamme.

Mutta vielä urheilusta. Mekin saimme hankituksi *sulkapallovälineet* omalle pihallemme, joka oli jos mahdollista vielä kuhmuraisempi kuin serkkujemme areena. Siinä kuitenkin pelattiin iltakaudet ja joskus koko sunnuntaipäivä. Mukana olivat useimmiten lähinaapurit Reino ja Teuvo. Paavo hallitsi pelejä, mutta kun hän oli muuttanut Joensuuhun oppipojaksi Karjalanmaan kirjapainoon, valtikka siirtyi minulle. Yhtenä sunnuntaina sovimme, että voittaja on kentällä niin kauan kunnes häviää. Pelasin koko iltapäivän ilman tappioita, muistaakseni neljä tuntia yhteen menoon. Seuraavana päivänä olo oli sitten vähän jäykkä.

Osoituksena Paavon *kilpailuhenkisyydestä* oli myös, että hän ei suostunut tunnustamaan tappiotaan minulle, kun hän sitten vähemmän pelanneena joensuulaisena tuli mukaan pelikentälle. Voitin häneltä useamman erän pelin kaikkien sääntöjen mukaan. En tiedä, oliko velipoika ihan tosissaan, kun hän selitteli tavallista heikompaa menestystään sillä, että olin muka taitavasti asetellut kentälle yllättäviin paikkoihin *liukumiinoja,* jotka sitten haittasivat ratkaisevalla hetkellä hänen suorituksiaan. Totta oli, että ainut lehmämme oli väliaikoina syönyt ruohoa "pelikentällä", mutta minulla ei ollut sen kanssa mitään yhteistyösopimusta siitä, mihinkä niitä rieskoja piti tiputella.

Kesällä järjestimme usein *kuulamoniotteluja* kotimökkimme kohdalla maantiellä. Vanhin veljemme Kauko oli ostanut kuulan (ei miesten seitsenkiloista vaan naisten nelikiloisen) meidän kaikkien yhteiseksi iloksi. Tielle kertyi kylän poikia joskus aika liuta meidän kotijoukkojen lisäksi. Kuulaa heitettiin ja työnnettiin moneen sorttiin: normaali työntö tietenkin, sitten pään yli taaksepäin, haarojen välistä eteen ja taakse, ja miten milloinkin keksittiin. Tulokset mitattiin ja kirjattiin huolellisesti, koska yhteistulos ratkaisi sijoituksen. Paavo pärjäsi yleensä hyvin isommillekin pojille; me pienemmät saimme olla mukana vähän niin kuin armopalana.

Mitenkä yleisellä tiellä pystyi järjestämään moisia kisoja? Kas, kun liikennettä oli niin vähän, että vain joskus ohi meni joku polkupyöräilijä tai hevosmies. Silloin raivauduimme tien poskeen, kuula jonkun kisailijan kourassa, ja kohta touhu jatkui. Autoja ei tarvinnut pelätä. Kylän ainoa auto oli apteekkari Mannelinilla, ja hän töräytti tullessaan jo mutkan takana hyvissä ajoin varoitustorvea.

Riemukas Partaharjun leiri

Yhtenä kesänä, olin silloin 11-vuotias, minua kohtasi odottamaton onni: pääsin viikoksi Partaharjun *raittiusleirille*. Nuorisoseuramme puheenjohtaja, Koposen Siiri tuli kertomaan, että meidän perheestämme voi päästä yksi poika Partaharjulle. Se tarkoitti käytännössä Paavoa tai minua. Mikä nyt eteen? No, sovimme kahden kesken, että vedämme pitkää tikkua. Voittaja pääsee leirille. Paavo pani tikut kouraansa, ja minä vedin pidemmän korren. Omatuntoni rupesi kuitenkin kolkuttamaan, koska oli *nähnyt,* miten velipoika asetti tikut kämmenensä suojaan. En sanonut siitä mitään, mutta ehdotin uusintaa. Siinäkin vedin pidemmän tikun, tällä kertaa ihan oikeasti. Paavo oli myöhemmin Amerikassa levittänyt legendaa rehdistä velipojasta, joka suostui uusintaan ja voitti senkin. Että silleen se juttu oikeasti oli. Myöhemmin kävi ilmi, ettei isä olisi Paavoa kuitenkaan päästänyt, hän kun oli sen verran kovempi työmies kuin minä.

Partaharjuhan on tunnettu leirikeskus Pieksämäellä. Tämä oli suuri seikkailu, koska en aikaisemmin ollut päässyt pois kotoa minnekään yksinäni. Junassa Joensuuhun mennessä tuli vähän paha olo, mutta siellä oltiin jo vastassa, ja loppumatka Pieksämäelle meni hyvin mukavassa seurassa.

Leirillä oli koko viikon ajan reipasta ohjelmaa, ja loppuviikosta perjantaina oli tiedossa *leirikisat.* Ne uhkasivat kuitenkin mennä osaltani sivu suun, kun kisa-aamuna pyörryin aamupalajonossa. Olimme tavan mukaan käyneet aamupesulla rinteen alla olevassa lammessa ja sitten juosseet täyttä höyryä rinnettä ylös ruokailemaan. Seuraava muistikuvani oli, että makasin maassa pitkälläni jalat nostettuina oikeaoppisesti ylös, ja väkeä hääri mustanaan ympärilläni. Minut toimitettiin heti terveydenhoitajan vastaanotolle, joka tutki ja koputteli sieltä ja täältä, mutta ei löytänyt sen kummempaa vikaa mistään. Pelkäsin saavani kieltävän vastauksen, kun kysyin, voinko osallistua iltapäivän urheilukilpailuihin. Helpotukseksi hän sanoi, että seuraile vointiasi, ja jos se on hyvä, niin eikun mukaan. Myöhemmin on selvinnyt, että minulla on erittäin alhainen verenpaine (paljon parempi juttu kuin korkea sellainen!), mikä varmaan selittää pyörtymiseni aamutuimaan.

Totta kai vointini oli mielestäni hyvä iltapäivällä. Osallistuin kolmeen lajiin: pituushyppyyn, 60 metrille ja maastojuoksuun. Pituudessa minun reilut kolmen ja puolen metrin hyppyni eivät riittäneet kovin korkeisiin sijoituksiin, kun parhaat loikkivat yli neljä metriä. Pikamatkalla oli edessä karsiutuminen alkuerissä. Aloin ounastella, että ei se tie olympiavoittoihin ihan siloinen taida ollakaan. Viimeinen toivoni oli maastojuoksu, jo ennakkoon paras lajini. Eikä se hassummin mennytkään, kun parinkymmenen juoksijan joukossa olin viides. Verenmaku suussa siellä hienoilla mäntykankailla ravattiin.

Partaharjulla kuulin ensimmäistä kertaa *pohjalaisten* murretta: "Pois siältä raralta!" huusi joku aikuinen, kun leiriläisiä pyöri juoksuradalla (*raalla* / *ratalla* itäsuomalaisen kielenkäytön mukaan) ennen pikamatkan starttia. Mieleen jäi myös kuudenkympin finaalin kiihkeä tunnelma. Kun lähtölaukaus pamahti, alkoi hirmuinen kannustushuuto: "Otto, Otto...!" Eikä ne turhaan huutaneet: voittajaksi heittäytyi Otto Ojanperä Kiikasta, jollaisesta paikkakunnasta en ollut ennen kuullut mitään. Otaksuin se olevan jossain Pohjanmaalla, mutta kunta sijaitseekin Satakunnan rajoilla Tampereen ja Rauman välissä. Nykyisin entinen Kiikan kunta kuuluu Sastamalan kaupunkiin, jonka turistivetonauloihin kuuluu mm. unissakävelijä Herra *Hakkaraisen* talo. Otto Ojanperästä en ole sen koommin saanut mitään tietoja. Netissä mainitaan Abraham Ojanperä, joka oli ensimmäisiä suomeksi levyttäneitä laulajia. Sieltä löytyi myös *Ojanperä, Otto Frans,* syntynyt v. 1898, joten jos kyseessä on Partaharjun juoksun voittaja, niin hän oli osannut naamioitua huomattavasti nuoremman näköiseksi...

Leirille lähtiessäni isä antoi viisi markkaa *taskurahaa.* Kun leiri kesti tarkkaan ottaen viisi päivää, niin suunnittelin alustavasti käyttäväni viisikymmentä penniä per päivä; loput jäisivät yllättäviä menoja varten. Sillä saikin sopivasti Sisu-askin tai vastaavan natusteltavaksi. Suunnitelma toimi hyvin, ja kun yllättäviä menoja ei ilmaantunut, niin palautin leirin jälkeen isälle puolet saamastani "stipendistä". Serkkuni Jorma oli myös mukana Partaharjulla. Hän ei hallinnut budjettisuunnittelua yhtä hyvin, koska jo kahden päivän jälkeen rahat olivat loppu. Niinpä Jorma olikin mielissään, kun tarjosin loppuviikolla sisuja myös hänelle.

Oli siellä leirillä mukana monenlaista viheltäjää. Yksikin heppu kertoi nappaavansa voita toisten astioista, kun silmä välttää. Siellä oli näet muuten täyshoito, mutta voita piti jokaisen tuoda mukanaan. Kerran huomasinkin ruokaillessamme tuon "voimiehen" ronkkimassa minun astiallani. Hän meni nolon näköiseksi havaitessaan, että sillä kertaa silmä ei välttänytkään. Ajattelin että siinä oli hänelle rangaistusta tarpeeksi, enkä ottanut asiaa sen kummemmin puheeksi.

Partaharjulla järjestettiin juhlallinen tilaisuus, jossa vapaaehtoiset saivat antaa *raittiuslupauksen*. Minä en sitä antanut, mutta huomasin myöhemmin eräiden lupaajien kyllä tulleen muihin aatoksiin. Paavo ja minä olimme tuumanneet, että viina ja tupakka eivät sovi urheilijoille, ja siitä olen pitänyt kiinni. Paavo joutui Amerikassa vähän tinkimään kannastaan, ilmeisesti sosiaalisen painostuksen johdosta, mutta hän palasi kyllä sittemmin alkuperäisille linjoillemme.

Menestystä maastossa ja radalla

Oppikoulussa oli keväisin aina kaupungin koulujen *maastojuoksumestaruuskisat*. Kerran pääsimme molemmat oikein kuvaan (tarkemmin sanottuna: minä pääsin melkein) ja lehtijutun aiheeksi, kun voitimme omat sarjamme. Paavo tuli maaliin ylhäisessä yksinäisyydessään, kuten kaimansa aikoinaan Pariisin olympialaisissa. Minulla oli tiukempaa. Meitä juoksijoita oli niin paljon, että jouduttiin juoksemaan kahdessa erässä, polku kun oli sen verran kapea, kivinen ja paikoitellen täynnä puunjuuria.

Lähdössä kävi juuri niin kuin olin pelännytkin: Jotkut hurjat lähtivät urut soiden eli täyttä vauhtia – ja väsähtivät tietenkin viimeistään puolimatkassa. Minä seurasin heidän kannoillaan, ja pakko oli jatkaa maaliin niin paljon kuin kintuista lähti. Maastojuoksukisat olivat tästä syystä usein kaikkein rankimpia.

Mutta miten sitten minun sarjassani kävi? Voitin kyllä eräni, eikä tarvinnut edes heittäytyä maaliviivan kohdalla, muut kun olivat vielä nääntyneempiä. Sitten lähti toinen erä, jonka voitti hirmuisen kokoinen kaveri, minun ikäiseni kuitenkin. Ja ihme ja kumma: meillä oli sekunnilleen sama aika! Kymmenyksiä, sadasosista puhumattakaan, ei silloin mitattu – muuten olisin tietenkin hävinnyt sadasosalla kuten Juha Mieto myöhemmin. Lehdessä oli seuraavana päivänä kuva siitä toisen erän lähdöstä. Vierekkäin viivalla oli mainitsemani iso korsto ja toinen, minuakin pienempi kilpailija, mutta en minä. Lehtijutun tekijä hehkutti: David ja Goljat, Unto Sinkkonen ja Leevi Treuthardt, vierekkäin lähtöviivalla, kävivät raivoisan kamppailun – tuloksena *tasapeli*. Se "Vale-David" ei pärjännyt erityisemmin. Voitin sarjani seuraavanakin vuonna. Goljattia ei enää näkynyt, liekö siirtynyt moukarinheittoon tai kuulantyöntöön...

Nuo kisat olivat siis vain Joensuun koulujen kisoja. Urani ehkä *suurin* henkilökohtainen *voitto* tuli juoksuradalta 1000 metrin matkalta Pohjois-Karjalan kaikkien koulujen mestaruuskisoissa viidentoista vuoden iässä. Mukava liikunnanopettajani Ilmari Jokinen evästi ennen kilpailua tuttuun tapaansa:

– Alku täysillä ja loppu niin kovaa kuin pääsee!

Siinä oli varmaan huumoria mukana, mutta kun olin maastojuoksuissa nähnyt, mihin se taktiikka johtaa, niin noudatin ohjetta vain soveltuvin osin. Lähdin kyllä johtoon ja kuulostelin, mitä selän takana tapahtuu. Reilun kierroksen jälkeen huomasin, että vain oman koulumme liinaharjainen Hallikaisen poika pystyi seuraamaan. Lisäsin pökköä pesään, ja niin alkoi koulukaverikin jäädä. Viimeisen kierroksen sain jo nautiskella varmasta voitosta. Oli se hieno tunne maaliin tullessa koko koulun ja muun yleisön hurratessa.

Parhaan aikani tonnin juoksussa tein seitsemäntoistavuotiaana piirinmestaruuskisoissa. Tulin siinä toiseksi ajalla 2 minuuttia 47 sekuntia. Se jäi uupumaan kaksi sekuntia A-luokan tuloksesta. Tuo ero jäi kismittämään sen verran, että päätimme Paavon kanssa satsata seuraavana talvena harjoituksiin oikein tosissaan. Hän teki meille sellaiset ohjelmat, että tehot ja määrät kasvoivat melkein puolella entiseen verrattuna. Teimme mm. koko talven ajan sunnuntaisin 20 kilometrin lenkkejä ja maaliskuussa siihen yhdistettynä kolme kilometrin kovavauhtista vetoa. Juoksu sujui ja kunto tuntui kovalta. Kuntopiikki tuli kuitenkin liian aikaisin, ja kevään maastojuoksukisat menivät molemmilta penkin alle; syynä *ylikunto*.

Minun osaltani kilpajuoksut jäivät varsinaisesti sitten siihen. Oli turhauttavaa, kun hirmuharjoitukset eivät tuoneetkaan odotettua menestystä. Ja kesällä oli paljon muutakin tekemistä, vaikkapa lähes pakolliset nuorisoseuran tanhuharjoitukset ja iltamaesiintymiset myös lähipaikkakunnilla. Syksyllä koulun urheilutunnilla satanen kyllä sujui ennen näkemätöntä vauhtia: 12,2 sekuntia. "Imppa" Jokinen oikein innostui:

– Nythän se alkaa kulkemaan!

Valitettavasti pidemmät matkat eivät harjoittelun puutteessa kulkeneet; lepo oli tuonut vain herkkyyttä lisää.

Kaiken kaikkiaan suurin menestys tuli *Akateemisessa vartissa*, joka oli yliopistojen viestimestaruuskisa. Olin sen verran käynyt lenkillä, että pääsin karsintojen kautta mukaan Jyväskylän silloisen Kasvatusopillisen korkeakoulun joukkueeseen; taisi olla kevät 1965. Joukkueessamme oli mukana pari maaottelujuoksijaakin (Antti Lanamäki, 110 metrin aidat, ja Tapani Ilkka, 400 metrin aidat). Viestiä juostiin neljännestunti (siitä vartti-nimitys): alussa osuus oli 100 metriä, sitten matkat pitenivät pikku hiljaa, ja lopuksi ankkurit juoksivat niin pitkään, että vartti tuli täyteen.

Minun osuudekseni oli määrätty 400 metriä, vaikka karsinnoissa olin juossut 300 metrin matkan. Taival osoittautuikin juuri sata metriä liian pitkäksi, sillä sinnitellessäni vaihtopaikalle *eduskuntatalon* kohdalle seuraava joukkue sai kurottua alkumatkasta saamamme etumatkan umpeen. Onneksi loput juoksijamme hoitivat voiton kotiin Jyväskylään. Juoksussa en ollut ihan parhaimmassa terässä. Menin Helsinkiin samalla autolla kuin Lanamäki ja Ilkka, ja he kävelyttivät asioillaan minua mukanaan koko aamupäivän ympäri kaupunkia, mikä ei tehnyt minun nopeasti luodulle kunto-piikilleni ollenkaan hyvää. Viestistä oli muuten lyhyt selostus TV:n iltauutisissa, jolloin minunkin nimeni mainittiin. Kotikylällä sitten moni väitti nähneensä minut juoksemassa TV:ssä, vaikka vahvasti epäilin muuta.

Paavon menestys kilpaurallaan oli varsin hyvä. Hän voitti – yllä-tyksenä monille – maastojuoksun piirinmestaruuden 16-vuotiaana. Seuraavana vuonna hän jäi kakkoseksi, kun kisaan oli ilmestynyt uusi haka, joka sitten hallitsikin maastoa ja ratoja seuraavat pari vuotta. Velipoika oli yleensä seuraava hänen jälkeensä. Uuden mes-tarin harjoitusohjelma (varmaan itse laadittu) oli niin raju, että eräs piirin aikuisten parhaimmistoon kuuluva juoksija sanoi, ettei hän pääsisi kilpailuissa mihinkään, jos hän harjoittelisi yhtä kovaa. Ja niinhän siinä sitten kävi, että komeettamaista nousua seurasi yhtä nopea lasku. Harmillista! Opetus: ohje "kiiruhda hitaasti" pätee myös urheilussa.

Veli jatkoi kilpaurheilua pidempään kuin minä. Hän juoksi Kyproksella YK-joukkojen kisoja ja myöhemmin Valloissa (eli USA:ssa) monta maratoniakin ja hiihti viidenkympin kilpailuja. Pojat Mark ja Teddy olivat nuorten sarjoissa alueellaan lyömättö-miä sekä juoksussa että hiihdossa.

Mitä sitten kaikesta tuosta urheilemisesta ja itsensä "rääkkäämi-sestä" jäi käteen? Ei tullut olympiamitaleita eikä rahakkaita spon-sorisopimuksia, vain muutama alpakkalusikka laatikon pohjalle. Kannattiko se? – Kyllä kannatti! Tuli hyvä fyysinen kunto (liike on lääke, sanovat lekurit); se on pienellä viilauksella kannatellut elä-mässä tähän asti; tuli jännitystä ja hyviä kavereita, joita opin kun-nioittamaan kilpakumppaneina.

Omaksuin myös urheilijan terveet elämäntavat, jotka sopivat minulle edelleen. Ihanteita ja unelmia pitää nuorilla olla – vaikka miten korkeita – mutta itse oivalsin jo hyvissä ajoin, ettei neljän litran keuhkoilla ja 130:n hemoglobiinilla voi kestävyyslajeissa yltää kovin huipulle. – Kaiken kaikkiaan suosittelen urheilua, kohtuudella nautittuna, kaikille. Myöhemmin ajauduin yleisurheilusta tenniksen pariin, ja sitä jatkan niin kauan kuin terveys antaa myötä. Myös hiihto on mieluista, ja nyt on kunnon välineetkin (mäystimistä pääsin eroon jo aikoja sitten...).

Kesäisiä askareita

Erään kerran omat lapseni sanoivat:
– Isi, kerro siitä, minkälaista oli ennen vanhaan, mutta älä kerro porkkanamaasta!

Näin ollen en nytkään kerro siitä, mutta *karottipellosta* on pakko kertoa, muuten muisteloihini jäisi ammottava aukko. Jos lukijan hermot eivät kestä tätä tarinaa, niin sen yli voi helposti hypätä.

Kyykkimistä karottipellolla

Karottihan (daucus carota) on maukas juures, pitkulainen, hoikka ja kauniin oranssin värinen. Sillä on niin monia *terveysvaikutuksia*, ettei niitä tässä voi ruveta luettelemaan. Suosituksen mukaan jokaisen olisi hyvä syödä ainakin yksi karotti päivässä, odottavien äitien jopa kaksi tai kolme. Kun vielä rouskuttaa päivittäin omenan, niin ainakin yhden lääkärin pitäisi pysyä loitolla.

Ennen vanhaan koululaisten kesäloma alkoi kesäkuun eka päivä ja kesti elokuun viimeiseen päivään. Silloin kylläkin käytiin koulua myös lauantaisin. Yleensä tuona ensimmäisenä "lomapäivänä" karotit olivat kasvussaan juuri siinä vaiheessa, että ne tarvitsivat *kitkemistä* ja ensi harvennusta. Isä oli kylvänyt ne käsin työnnettävällä kylvökoneella hyvissä ajoin toukokuussa. Hän oli havainnut, että karoteilla voi hankkia lisätuloja, kun niistä sai varsin hyvän hinnan (ainakin niinä vuosina, kun tuotteesta ei ollut ylitarjontaa). Ongelmana vain oli, että kyseisen kasvin viljely on hyvin työvoimavaltaista. Minun lapsuudessani ei näet käytetty ainakaan pienviljelmillä rikkaruohontorjunta-aineita, vaan torjunta suoritettiin käsityönä. Näin ollen tässä tarjoutui näppärille sormille sopivaa *kesäaskartelua.* Ja lapsillahan on tunnetusti näppärät sormet.

Perheemme lapsiluku oli viisikymmenluvun alkupuolella täysi: tusina miinus yksi. Yleensä karottipellolla meitä ahersi puolenkymmentä tenavaa kerrallaan – ne jotka olivat sopivassa iässä, eivät liian nuoria tuohon vastuulliseen hommaan, eivätkä liian vanhoja, eli jo lähteneet pois kotoa muihin töihin. Omalla kohdallani sopiva ikä alkoi muistini mukaan kesällä, jolloin täytin seitsemän vuotta.

Isä johdatti *työkomppaniamme* (meitä oli mukana myös kaksi kivikomppanialaista) kilometrin päässä olevalle karottipellolle. Siellä meitä odotti useita, noin viidenkymmenen metrin pituisia, ojien toisistaan erottamia pellonsarkoja, joita muistini mukaan nimitettiin *kapaleiksi*. Niistä kertyi pinta-alaa useampi kymmenen *aaria*, yleensä ei kuitenkaan enemmän kuin puoli hehtaaria. Aarihan tarkoittaa kymmenen kertaa kymmenen metrin pinta-alaa, ja hehtaari on sata aaria. Kyllä ne karottirivit näyttivät pienestä pojasta hirmuisen pitkiltä, kun ensimmäisen rivin alkuun kyykistyi.

Isä antoi kieltämättä perusteellisen *työnohjauksen.* Hän näytti, miten vesiheinän ja muiden rikkaruohojen seasta piti etsiä pienen pieni, usein vasta parin sentin korkuinen karotintaimi. Sitä piti varoa kuin silmäterää, ettei vain kiskaissut tainta irti rikkaruohojen mukana. Silloin kun taimia oli ruvennut kasvamaan ihan turkkinaan, siis liian tiheässä, piti liiat tietenkin poistaa harventamalla. Ensiharvennuksessa taimien väliksi jätettiin sentti tai pari. Myöhemmillä kitkukerroilla taas harvennettiin vähän lisää, niin että taimet sopivat hyvin kasvamaan suuremmiksi. Lopullinen taimiväli oli sitten viitisen senttiä, ehkä vähän reilu, niin että isompikin juures sai riittävästi elintilaa.

Oli se tosi tarkkaa työtä, kun etsi niitä pikku karotteja, jotka olivat rikkaruohoja huomattavasti pienempiä. Pakko oli kontata polvillaan, muuten ei selkä olisi kestänyt sitä hommaa. Polvet siinä menivät nilelle. Niinpä kehittelimme itsellemme *polvisuojukset:* sopiva kankaanpala sidottiin narulla tai kuminauhalla polvien ympärille. Nykyiset lentopallosuojukset olisivat olleet tosi hyvät, mutta en tiedä, oliko niitä jo siihen aikaan edes olemassa, eikä niihin olisi ollut varaakaan.

Kun menneitä kesiä muistelee, niin tuntuu että karottipelloille paistoi aina aurinko. Me pojat olimme silloin tietysti ilman paitaa, tytöt useinkin uimapuvuissa. Selkään osui kunnon porotus, mutta ei silloin mitään *otsoniaukkoja* varmaan avaruudessa ollutkaan. Koko sana oli meille tuntematon – *otso* kyllä tiedettiin, sehän on karhun yksi lempinimi. Kun urakalla otettiin aurinkoa, niin ensimmäisinä päivinä selkä usein paloi melko lailla. Parin päivän päästä iho alkoi hilseillä, niin että saimme kiskoa toistemme selästä palaneen nahkan paloja isoina lempareina. Muutaman viikon jälkeen olimmekin sitten "yönmustia ja öljynliukkaita", erityisesti Veikko, jolla oli varmaan parhaat pigmentit.

Oli se aika kovaa hommaa, ja sitä kesti koko kesän. Kun olimme kertaalleen saaneet pellot kitkettyä, niin arvelimme ansainneemme muutaman päivän huilia. Isä kuitenkin tarkasti aina illalla työn tuloksen ja rikkaruohotilanteen. Niinpä hän yleensä totesi:

– Tiälä alakupiässähä on tuas uusija rikkaruohoja!

Ja niin piti sama urakka aloittaa taas alusta.

Maaseudulla työpäivät olivat siihen aikaan yhdeksäntuntisia, paitsi lauantaisin kahdeksan. Kun aloitimme työt pellolla aamulla kello seitsemän, niin ne loppuivat iltapäivällä kello viisi, lauantaina "jo" neljältä. Työviikon pituudeksi muodostui siis 53 tuntia (5 x 9 t + 8 t). Jos myöhästyimme aamulla vaikka puoli tuntia, niin sitten illalla piti olla vastaavasti myöhempään. Aamuherätys tapahtui siinä kuuden aikaan. Nukuimme kesällä vintillä, ja silloin isä koputti leipälapiolla laipioon (siis sisäkattoon) ja *rohkaisi* meitä aloittamaan uuden työpäivän:

– Nousettako sieltä, vai pittääkö tulla leiplapiilla tai setolokkaremmillä vauhtii antamaa?

Kun vaihtoehdot olivat nämä, niin me kyllä nousimme ilman mainittuja apuvälineitäkin.

Ruokatunnille menimme kävellen tai juosten, matkaa oli kilometri. Polkupyöriä meillä ei ollut kuin yksi miesten pyörä, ja se oli yleensä isän käytössä. Sillä sain kuitenkin opetella ajamaan rungon välistä. Ajoasento muistutti vähän sirkustaiteilua. Helteisenä aikana olisi ollut mukava pinkaista myös uimaan (rantaan noin puoli kilometriä), mutta ei siinä oikein tahtonut keritä, kun työmatkat sisältyivät ruokatuntiin. Paavon kanssa yleensä juostiin edestakaisin, mikä oli pieni lisä harjoitusohjelmaamme. Työmaalla innostuimme joskus ottamaan spurtteja rivien välissä. Pehmeä multa tuntui mukavalta paljaissa jaloissa, mutta kasveja ei tietenkään saanut turmella. Kahvitunti oli meille tuntematon käsite – siitä päästiin nauttimaan korkeintaan heinätöissä, kun isäkin oli paikalla.

Oli meillä kasvamassa jonkin verran *lanttujakin,* mutta vähemmän. Lanttujen harventaminen oli suoranaista hupia karottien jälkeen. Koska taimien väli jätettiin jo alussa kymmenen sentin mittaiseksi, sai harvennettaessa ja kitkettäessä kouria oikein reippaasti verrattuna karottien vaatimaan kelloseppämäisen tarkkaan työhön. Perunamaa ja varsinainen *ryytimaa* (punajuuret, sipulit, tillit, salaatit) meillä oli kotimökin kupeessa. Sipulien varsia sanottiin *lyökeiksi* (ruotsin sana "lök" tarkoittaa sipulia), ja ne olivat alkukesästä suurta herkkua voileivän päällä.

Heinätöissä ja marjamarkkinoilla

Tervetullutta vaihtelua kasvimaakyykötykselle toivat *heinätyöt.* Meillä oli yleensä yksi lehmä, jolle piti saada talvieinestä. Isä niitti heinät viikatteella ja me lapset sitten haravoimme, pystytimme seipäät rautakangen avulla ja mätimme hangoilla hyvältä tuoksuvat heinät seipäille. Pienimmät kantelivat tappeja seipäiden reikiin. Reikiä oli kolme per seiväs, jotka olivatkin niin pitkiä, että piti olla jo vähän varttuneempi, jotta ylsi pujottamaan hangolla heinätumpun seipääseen. Myöhemmin tutustuin pohjalaisten heinäseipäisiin, jotka olivat ihan lyhyitä lättänöitä, eikä niissä ollut kuin yksi kiinteä tappi. Hyvä puoli kuulemma oli, että pienemmätkin lapset yltivät niihin heiniä hankoamaan.

Omaa peltoa oli niin vähän, etteivät heinät olisi riittäneet koko talveksi. Isä oli tehnyt sellaisen sopimuksen Koposen perheen kanssa, että saimme tehdä heinää heidän pelloillaan, ja vuokrana he saivat puolet meidän tekemistämme heinistä. Sinne pelloille oli matkaa noin kilometri. Eräänä kauniina kesäpäivänä olin menossa yksin sinne pellolle haravoimaan. Olin varmaan siinä viiden, kuuden vuoden vanha, ja isommat sisarukset olivat menneet sinne jo aikaisemmin. Mieleeni jäi yksi *jännittävä* tapahtuma. Kuljin paljain jaloin pelloille johtavaa kärrytietä, kun tunsin jalkani alla jonkin oksan. Ihmetykseni oli suuri, kun se oksa lähtikin liikkeelle! Tiellä oli ollut torkkumassa *kyykäärme*, ilmeisesti sen verran unipäisään, ettei ehtinyt puraista minua. Säikähdin tietenkin asiaa ja pinkaisin juoksuun kertomaan siitä toisille.

Käärmeitä näki siihen aikaan useammankin kerran kesässä hiekkateillä ja kiviraunioilla, jonne ne luikertelivat piiloon ihmisen nähdessään. Ihme ettei kukaan meistä joutunut purruksi, vaikka kesällä kuljimme paljain jaloin. Eräs kylän emäntä joutui sairastamaan puoli vuotta, kun kyy oli päässyt häntä puremaan. Minulle ei jäänyt käärmeistä mitään pelkoja. Kuljen nykyäänkin usein ilman kenkiä kotona ja mökillä.

Heinäpeltojen ojien varsilla kasvoi muuten varsin usein mansikoita, jotka paljastuivat sieltä punaisina ja herkullisina, kun niitä peittäneet heinät oli niitetty *luo'olle* eli *karholle*, joka syntyy kun taitava niittäjä työskentelee eteenpäin heinäpellolla. Opin sen taidon isältä. On hienoa, kun osaa niittää kunnolla, niin tuloksena ovat siistit karhot niittäjän perässä. Osaan myös teroittaa viikatteen *liipalla* eli kovasimella. Siitä kuuluu mukava rytmillinen klip klap -ääni, kun homman hallitsee.

Kun heinät olivat kuivaneet seipäillä jonkin aikaa (hyvällä poudalla siinä ei mennyt kuin viikon verran), niin alkoi niiden ajo heinälatoon. Lainasimme Kalle-sedän hevosta, joka oli oikein kunnon työhevonen. Isommat sisarukset mättivät heiniä seipäiltä kuormaan, ja minä olin usein *kärryillä* kuormaa tekemässä. Isä antoi tarkat ohjeet, miten sai syntymään hyvän kuorman, johon mahtui paljon heinää, eikä ollut lastin nurin menon vaaraa. Piti ottaa suuntaa hevosen selästä; se keskipisteenä heinät levitettiin tasaisesti *kärriin* (joidenkin mielestä pitäisi sanoa "kärryihin", mutta meistä se olisi ollut hienostelua), ja siitä syntyi hyvä kuorma.

Tästä taidosta minulla oli hyötyä myöhemminkin, *kansainväli-*

sillä kentillä. Oli historiallinen kesä 1968, jolloin opiskelijat mellakoivat Ranskassa ja Saksassa, ja Varsovan liiton panssarit vyöryivät Tsekkoslovakiaan. "Ystävämaat" olivat sitä mieltä, että tsekit olivat antaneet liikaa vapauksia kansalaisilleen, joten kurinpalautus oli tarpeen. Moinen järjestyksenpito ei enää onnistunut vuonna 1989, jolloin Berliinin muuri murtui ja odottamattomat tapahtumat johtivat Itä-Saksan ja Länsi-Saksan yhdistymiseen. Vähän myöhemmin romahti myös Neuvostoliitto.

Olin siis saanut vuonna 1968 kesästipendin länsisaksalaiseen *Freiburgin* yliopistoon. Opin siellä tuntemaan saksalaisen opiskelijan Hermann Dischingerin, kun me molemmat olimme tutustumassa yliopiston kirjastoon. Kirjastonhoitaja pani joitakin kirjoja kiertämään. Minä sain kirjan aina vieruskaveriltani, joka osoittautui Hermanniksi. Sanoin joka kerta "kiitos" (saksaksi "Danke!"), ja ilmeisesti niin tyylikkäästi, ettei hän huomannut minun olevan ulkomaalainen. Hän rupesi sitten esittelyn jälkeen jututtamaan minua, koska halusi tietää, kuka tämä huippukohtelias tyyppi oikein oli. Siitä meidän ystävyytemme alkoi.

Me emme Hermannin kanssa mellakoineet, joskin minä kävin seuraamassa paria *mielenosoitusta* Freiburgin kaduilla. Opiskelijat marssivat isona laumana kadulle parhaaseen töistäpaluuaikaan ja istahtivat sinne jumittaen koko liikenteen. Perheenäideillä oli kiire kotiin laittamaan ruokaa, ja niinpä he kiljuivat kiukkuisina opiskelijoille:

- Menkää töihin siitä lorvimasta!

En muista, mitä vastaan nuoriso halusi osoittaa mieltään, mutta isot ruuhkat siitä syntyivät.

Pian alkoi viikon mittainen helluntailoma. Uusi ystäväni oli niin osaaottavainen, että hän ajatteli että Unto-rukka joutuu viettämään sen yksin, kun opetustakaan ei annettu tuona aikana. Niinpä hän *kutsui* minut kotiinsa koko viikoksi! Se sijaitsi Östringen-nimisessä pienessä kaupungissa vähän Heidelbergin eteläpuolella. Minut otettiin ystävällisesti vastaan ja pidettiin kuin omaa poikaa ainakin. Saman verran niitä olikin kuin minun perheessäni, neljä vellosta, mutta ei yhtään tyttöä. Tein suomalaisella rauhallisuudellani ilmeisesti hyvän vaikutuksen äiti-Gertrudiin, kun hän oli tottunut Hermannin huokailuihin: – Voi minun hermojani... (Ach, meine Nerven...)

Osallistuin mielelläni perheen puuhiin ja pääsin myös heinänkorjuuseen. Heillä oli muutama vuohi (talo sijaitsi kaupungin laitamilla), jotka tarvitsivat heiniä. Käytössä oli pieni puutarhatraktori, johon Hermann eli Hermanni veljensä kanssa teki kuormaa. Kun sitten lähdettiin ajamaan heiniä latoon, niin koko lasti kippasi kumoon. Perheen isä, sotaveteraani, kimmastui pojille:

– Ettekö osaa edes heinäkuormaa tehdä!

Silloin ehdotin, että minä yrittäisin (vanhojen oppieni mukaan) tehdä lastin uuteen uskoon. Nyt "hevosenselkänä" ja keskipisteenä oli traktorin runko. Hyvähän siitä tuli, ja sain isäpapalta kovat kehut

– Siinä näitte pojat, miten kuorma tehdään. Ottakaa Untosta mallia!

Sitten illalla pidimme heinänteon kunniaksi pienet juhlat, ja Hermanni pinkaisi hakemaan heinäladosta pienen tupsun, jonka hän sitoi langalla ja kiinnitti rintaani kunniamerkiksi ("Heuorden" oli hänen keksimänsä saksalainen kunniamerkin nimi; suomeksi: heinäansiomerkki). Siitä alkaen nautin perheessä legendaarisesta maineesta maataloustöiden verrattomana taitajana.

Tuosta vierailusta alkoi sitten elinikäinen *ystävyys* Hermannin ja hänen perheensä kanssa. Hän on käynyt Suomessa luonamme monet kerrat ja me myös Saksassa. Mukana on ollut myös tytär Ellen ja Hermannin ystävä Dietrich, joka on hyvä piirtämään ja maalaamaan tauluja. H. itse on kotiseudullaan varsin tunnettu *murrekirjailija*, joka on lähettänyt tuotoksiaan myös minulle. Olen oppinut ymmärtämään niitä kohtalaisen hyvin, vaikka Östringenin murre poikkeaakin paljon Saksan kirjakielestä. Kirjoissa on enimmäkseen runoja ja syvällisiä *mietelmiä* elämästä. Yhtenä kesänä otimme muuten valokuvan kahdesta nimipäiväsankarista: meidän Hermanni-kissamme oli saksalaisen kaimansa sylissä kotipuutarhassamme.

Se niistä Saksan heinätöistä ja niihin liittyvistä kuvioista. – Mutta puhutaanpa vielä marjojen keruusta, mikä toi myös vaihtelua kesätöihimme. *Metsämansikoita* kasvoi karjanlaitumilla siihen aikaan runsaasti. Lehmät söivät heinät mäen rinteiltä, ja niin mansikat saivat tilaa ja valoa kasvaa. Oli mukavaa puuhaa kerätä mansikoita johonkin rasiaan (jopa litrankin kerralla per nuppi). Kirjoittamaton laki oli, että kerätessä ei marjoja syöty (muutaman sai sentään maistaa). Vasta kotona sitten herkuteltiin mansikkamaidolla ja annettiin tietysti myös kotijoukoille. Jos satunnaisesti sattui löytymään mansikoita tienposkesta, niin pujotimme niitä heinänkorteen, josta niitä sitten oli mukava nyppiä suuhun.

Mustikoiden kerääminen ei ollut yhtä hauskaa puuhaa. Mansikat kasvoivat aurinkoisilla paikoilla, kun taas mustikoita löytyi aika synkästä metsästä, jossa itikat olivat ainaisena riesana. Siihen aikaan ei ollut mitään itikkaöljyjä, joten ötököiltä suojautuakseen piti pukeutua vankasti ja laittaa kesäkuumalla vielä kaulaliinakin niskan suojaksi. Hikistä puuhaa se monesti oli. Yleinen käsitys oli tuolloin, että keruukonetta ei voi käyttää kuin puolukoiden keräämiseen. Mustikoiden ajateltiin litistyvän liikaa, niin ettei niitä ainakaan voinut tarjota myyntiin.

Minäkin kävin Joensuun *torilla* jonkun isomman siskon kanssa marjojamme myymässä (junakyydillä), ja kyllähän ne käsin poimitut mustikat olivat priimalaatua. Kerran vähän isompana olin yksinkin myyntimatkalla. Marjakausi oli ihan alussa, ja yllätyksekseni litralta sai kaksi markkaa, kun lähtiessä isä oli arvellut hinnan olevan yhden markan. Kyllä hän oli mielissään, kun olin saanut kaikki marjat myytyä ja vielä tuplahintaan.

”Marjakomppaniaamme” kuului monesti kolmesta viiteen lasta, kun läksimme aamulla metsään urakoimaan. Mukana oli pienemmät keruuastiat, jotka sitten tyhjensimme yhteiseen kymmenen litran sankoon. Sääntönä oli, että *sanko* piti saada *täyteen,* ennen kuin kotiin voi lähteä. Isolla porukalla se yleensä onnistuikin parissa tunnissa. Sitten raahasimme täyden sangon kotiin, (kantamisvuoroja vaihdellen), siivosimme marjat, ja syönnin jälkeen edessä oli päivän toinen, vastaavanlainen urakka. Seuraavana päivänä marjat piti saada tuoreeltaan torille myyntiin. Yleensä ne menivät hyvin kaupaksi; joskus piti hintaa vähän laskea, kun torin sulkemisaika alkoi lähestyä. Saatiinhan niistä mustikoista pientä lisää perheen yhteiseen kassaan.

Sieniäkin kerättiin elo-syyskuussa ahkerasti. Meilläpäin kasvoi enimmäkseen mustiarouskuja, mutta ei me kyllä niiden lisäksi tunnettukaan juuri muita kuin karvalaukut. Tatit potkittiin armotta nurin; ne olivatkin yleensä täynnä matoja. Punaiset kärpässienet ovat kauniita katsella, mutta tiesimme kyllä varoa niitä myrkyllisyyden takia. Valkoinen kärpässieni oli myös pannassa, mutta esimerkiksi myrkkyseitikeistä ja pulkkosienistä ei silloin tiedetty mitään. Edelleen pätee vanha sääntö: kerää vain niitä sieniä, jotka tunnet!

Mustiarouskuja kasvoi Pitkäsen metsässä valtavia määriä. Usein saimme yhdellä reissulla *pyykkivasullisen* täyteen. Mukava niitä oli napsia vasuun, mutta siihen se mukavuus sitten loppuikin. Nimittäin siivoamisessa on hirmu työ, kun pitää raaputtaa sienen musta kuori irti, joka sitten siitä valuvan maidon kanssa sotkee kädet pahan näköisiksi. Saippua ja kynsiharjakaan eivät auttaneet kuin osittain. Parasta olisi ollut käyttää talouskäsineitä, mutta ei meillä sellaisia ollut. Sienikastikkeeseen nämä luonnon antimet kuitenkin antoivat vahvan aromin, ja talveksi niitä säilöttiin suolasieniksi.

Kansakoulussa järjestettiin yhtenä syksynä *sieniretki*. Me serkkupojat keskityttiin tietysti mustarouskuihin ja karvalaukkuihin. Kauhistuimme kun näimme yhdessä korissa räikeän keltaisia sieniä, ja päätimme että jos kerran tuollaisistakin sienistä meille ruokaa tarjotaan, niin mehän emme sitä syö! Emmekä syöneet, vaikka ruoka kyllä tuoksui hyvältä. Nykyään jo tunnen nuo keltaiset "inhokit" ja olen ensimmäisenä niitä keräämässä ja syömässä. Samoin *tatit* pannulla paistettuina ovat suurta herkkua – harmi vain että madot ovat samaa mieltä, heräävät ilmeisesti aamulla ennen minua ja pistelevät herkut suihinsa ihan raakana vaan.

Huh hah hei ja Pommacia pullo!

Kotimökkimme lämmönlähde oli iso leivinuuni, joka nieli talvipakkasilla melkoisesti halkoja. Isä oli yhtenä kesänä saanut urakan joltain metsänomistajalta; saimme kaataa tietyltä alueelta leppäpuut ja pitää ne kaatopalkkana. Niinpä eräänä kesäkuun alkupäivänä meitä "metsureita" sitten lähti *puiden kaatoon*. Palstalle oli matkaa kolmisen kilometriä, mikä taitettiin jalkaisin, sahat ja kirveet olalla. Jostain tuntemattomasta syystä meille oli kertynyt yhteisiä rahavaroja sen verran, että kaupan ohi kulkiessamme pystyimme ostamaan sieltä *janojuomaa* – ja vieläpä Pommacia, pullon naiseen ja mieheen. Juoma oli minulle täysin uusi tuttavuus, mutta näytti houkuttelevan helmeilevältä hienon etiketin koristamassa pullossa.

Ennen kuin aloimme puiden kaadon, sijoitimme juoma-aarteemme läheiseen puroon viileän juomanautinnon varmistamiseksi. Varsinainen työ tapahtui siten, että sahurit pistivät lepät kumoon, sitten me kirvesmiehet karsimme ja *aisasimme* jokaisen rungon huolellisesti. Aisaaminenhan tarkoittaa sitä, että rungosta veistetään kahdelta vastakkaiselta sivulta siivu kuorta pois. Niin ihmeelliseltä kuin se ehkä kuulostaakin, niin aisatut puut kuivuvat paljon nopeammin kuin käsittelemättömät. Valmiit rangat latjasimme isoiksi kasoiksi odottamaan poiskuljetusta. Ja toden totta: syksyllä meillä oli kotona iso pino hyviä, polttokelpoisia leppäpuita, kun vielä olimme sahanneet ne kotona metrin pituisiksi haloiksi.

Työ sujui kuin leikiten, kun ajattelimme purossa olevaa aarrettamme. Ilma oli kesäisen kuuma, ja yhteisestä sopimuksesta pidimme tauon urakkatyössämme ja haimme pullot purosta. Niissä oli siihen aikaan rautalangalla varustettu korkkisysteemi, ja korkin avautuessa kuului mukava suhaus. Voi sitä ihanaa tunnetta, kun ensimmäinen *Pommac-kulaus* valui suuhun! Tuskin olin ennen saanutkaan maistaa limonadia, niinpä makuelämys oli sitäkin mahtavampi. Kauhoimme purosta kirkasta ja raikasta vettä suuhumme lisukkeeksi, koska halusimme päästä nauttimaan tuosta eliksiiristä vielä monta kertaa sen työpäivän aikana. Ja se taktiikka toimi; viimeiset tipat sitä jaloa juomaa tiristelimme kurkkuumme vähän ennen työpäivän päättymistä. Kotimatkallekin riitti muisteloita tuon juoman virkistävistä vaikutuksista. Puu-urakka kesti muistaakseni pari viikkoa, mutta loppuaikana meidän piti pärjätä raikkaalla purovedellä ja kotoa tuodulla maidolla ja eväsleivillä, koska Pommac-rahastomme oli ehtynyt.

Elämä on niin ihmeellistä, että näistä muistoista huolimatta en nykyään juuri koskaan osta limsaa kaupasta, en Pommaciakaan. Olen lukenut niin paljon faktoja siitä, mitä noiden *älyttömän* paljon sokeria sisältävien juomien jatkuva käyttö vaikuttaa, lihomista tietysti ennen kaikkea. Omat lapsikultamme saivat limsaa lähinnä synttäreillä tai muina juhlapäivinä. Silloin kyllä tarkkaan mittailtiin (lasit vierekkäin), ettei kukaan vain jäänyt toisia vähemmälle. Ja varmasti maistui hyvälle! Se nautinto ei olisi varmaankaan ollut yhtä suuri, jos limonadia olisi käytetty jokapäiväisenä janojuomana. Vesi vanhin voitehista, sanoivat vanhat ja viisaat.

Edellä kerrotuista tarinoista on kai käynyt ilmi, että kesälomamme tuntui todelliselta *raadannalta*. Niinpä ihmettelin suuresti, miten elämä helpottui, kun pääsin viidentoista vanhana Niittylahden opistolle töihin. (Silloin kai ei enää karottien hinta ollut edullinen, ja työväkikin kotona oli vähentynyt.) Tuntui kuin olisin päässyt *paratiisiin.* "Miesten töissä" työn rasittavuus väheni ainakin puolella, ja niistä maksettiin oikein palkkaakin. Sain ajella Pölösen Einon kaverina hevosen rattailla milloin mitäkin tavaraa kuljettaen, teimme heinätöitä leppoisaan tahtiin, janojuomana hyvää kotikaljaa. Kahvitunnit saattoivat venyä vähän pidemmiksikin (virallisesti kymmenen minuuttia), jos sattui hyvä jutut olemaan kesken. Vain satunnaisesti jouduin kitkupellolle, ja silloinkaan ei kukaan tarkastanut illalla, oliko rivejä putsaantunut urakkavauhdilla.

Oli tietenkin mahtavaa, kun joka perjantai sai hakea tilin toimistosta. Osan annoin isälle korvaukseksi ruuasta ja asunnosta, ja loput panin säästöön. Koulun alettua ostin sitten uudet farkut lisäämään vaatimatonta asuvalikoimaani. Lukio-opiskeluni pystyin rahoittamaan kesäansioillani, kun säästin tarkkaan joka pennin. Aluksi näytti, että lukio jäisi käymättä, kun isä sanoi, ettei hänellä ole varaa lukion rahoittamiseen. Onneksi pääsin sitten joka kesä kansanopistolle töihin.

"Souva, eiku huopoo..."

Avioliiton kovimpia *koettelemuksia* sanotaan olevan ajo-opetuksen antaminen puolisolle ja yhteinen kalaverkkojen lasku. Edellisestä kiirastulesta selvisin suurin piirtein ehjin nahoin ja keräsin jopa ihailevia katseita ja lausahduksia tuttavapiiristä, kun se sai tietää heidän mielestään uhkarohkeasta yrityksestä. Tosin omien *lasten* ajo-opetus sujui jotennii luonnikkaammin... (Vaimo sanoikin olleensa koekaniini!) Verkoilla on käyty yhdessä muutama kerta, enkä muista siitä erityistä toraa syntyneen. Kolmas koettelemus tulee juuri mieleeni: *sekanelinpeli* tenniksessä. Siitä on minulla ehkä parhaat muistot: ei mitään kiistaa, menestys aika vaihteleva, mutta kotona roikkuu sentään kaksi pronssimitalia opettajien SM-kisoista.

Kovimmat kokemukset verkonlaskusta tuli isän kanssa. Taisin olla vähän toisillakymmenillä, kun *jouduin* lähtemään isän *soutumieheksi* kalaan. Olin kuullut kovia juttuja soutajan kohtalosta, ja voin tässä omakohtaisesti vahvistaa niiden todenperäisyyden. Olinhan minä venettä soutanut aika paljonkin, mutta tilanne on ihan toinen, kun lähdetään verkkoja laskemaan. Kaiken lisäksi vielä puhalsi pienoinen *pasaati* jo, kun lähdimme rannasta kokka kohisten Kekosaaren ohi kohti siellä odottavia ahven- ja kuhavesiä.

Sopivan kauas rannasta tultuamme isä laski ensin narun avulla painon pohjaan ja alkoi lappaa *puikkarilta* verkkoa veteen. Hän sanoi, että tehdään suora *jata* Pyhäsaarta kohti, toisin sanoen, että mukana olevat kaksi verkkoa pitäisi saada suoraan jonoon peräkkäin. Ouki douki, sanoisin varmaan nyt, mutta silloin en vielä osannut englannista kuin "jees" ja "nou", eikä isä varmaan tiennyt niitäkään. Pitäydyimme siis suomen kieleen, ja nimenomaan Pohjois-Karjalan murteeseen. Ja sitähän tuli, mutta varsin yksipuolisesti, nimenomaan isän suusta:

– Souva, eiku huopoo! On se kumma, kun ei vene pysy suorassa! Verkothan tässä sotkeutuu. Pie kokka tuulta vasten! En ou enne moista soutajoo tavannu...

Ja sitä rataa, laskimme veteen jataa (ihan tässä herkistyy runolliseksi...). Kyllä ne verkot veteen saatiin, isän mielestä kylläkin turhan kiemuraisesti.

Opin että verkkoja laskiessa on paras pitää veneen keula eli *kokka* tuulta vasten, mutta verkkojen *kokeminen* eli selkääminen onnistuu paremmin, jos kääntää veneen *perän* (vanhan merimiessanaston mukaan: ahterin) vasta-aaltoon. Tein sillä tavoin, ja homma sujui jo paljon paremmin kuin laskiessa. Isän hyvää tuulta lisäsi tietenkin se, kun saimme saaliiksi muutamia kuhia ja komeita ahvenia. Kerta kerralta soututaitoni kehittyivät, loppukesästä jo ilman isompia poruja.

Nuoret emännät

Jos oli meillä kodin "puutarhatyöntekijöillä" kovat hommat, niin vielä ankarampaa oli niillä siskotytöillä, jotka hoitivat perheen *taloutta* äidin sairauden aikana. He joutuivat laittamaan ruokaa, pesemään ison perheen pyykit ja huolehtimaan myös navettahommista. Vasta aikuisena olen tajunnut, miten paljosta saan olla siskoille kiitollinen. Heidän työpäivänsä ei ollut seitsemästä viiteen, vaan alkoi jo aikaisemmin aamiaisen laittamisella, sitten seurasivat päivä- ja iltaruoka, urakka jatkui iltalypsyllä ja muilla ilta-askareilla. Siihen aikaan ajateltiin vielä perinteisesti: oli miesten työt ja naisten työt. Kyllä me pojat siinä päästiin helpommalla. Oli meistä jonkin verran apua perunoiden kuorinnassa, veden haussa kaivosta, likasangon tyhjentämisessä tunkiolle ja vastaavissa pikkuhommissa. Puiden pieniminen ja sisään kantaminen oli selvää poikien työsarkaa.

Likasangon tyhjentämisessä minulle sattuikin paha *takaisku*: Olin ehkä neljä-, viisivuotias, kun olin saanut tehtäväkseni viedä likavedet tunkiolle. Olin saanut sangon raahatuksi ulkorappusille ja vedin siinä henkeä, kun joku oli tulossa ulos. Pahaksi onneksi ovi oli ulospäin aukeavaa tyyppiä, joten se tönäisi sangon sisältöineen minun päälleni. Enohan sieltä oli ulos pyrkimässä, ja vahingon havaittuaan hän yritti hyvitellä ja siistiä vaatteitani. Olo ei todellakaan ollut sen vesiryöpyn jälkeen saunapuhtoinen. Mutta kai se pitää paikkansa: mikä ei tapa, se vahvistaa.

Ruuan laitto työllisti kulloinkin vuorossa olevaa "emäntää" todella paljon – pitihän ruokkia parhaimmillaan (tai pahimmillaan...) kolmetoista suuta. *Ruisleivät* leivottiin kotona: Puusaavissa (eli taikinatiinussa) oli aina valmiina leivänjuurta edellisestä leipomuksesta. ("Taikinajuuressa elää villihiivoja ja bakteereita. Taikinajuuren idea on siirtää bakteerit ja villihiivat seuraavaan taikinaan, ja näin ollen leipien pitäisi maistua samalta ja kohota", kertoo Wikipedia.) Tiinuun lisättiin lämmintä vettä ja ruisjauhoja ja jätettiin hapantumaan yön yli. Aamulla lisättiin taikinaan suolaa, tarpeellinen määrä ruisjauhoja ja alettiin käsillä alustaa eli *vaivata* taikinaa.

Minäkin kokeilin vähän isompana sitä puuhaa (en kylläkään muistanut kysyä: saako vaivata?), eikä se mitään kevyttä työtä ollut! Taikinaa piti myllertää käsillä niin maan perusteellisesti, ettei sinne jäänyt jäljelle mitään jauhopaakkuja. Sen jälkeen taikinan annettiin *nousta* (eli paisua, turvota), ennen kuin siitä pyöriteltiin leivinlaudalla pyöreitä ruislimppuja. Nekin saivat muistaakseni vielä vähän kohota liinan alla, ennen kuin ne työnnettiin leipälapiolla kuumaan uuniin. Paistumisen jälkeen leivät tuoksuivat tosi hyvälle ja maistuivat herkullisilta voin sulaessa lämpimän siivun päällä. Leivän menekki oli niin kova, että sitä jouduttiin leipomaan monta kertaa viikossa.

Pullaa, pitkoja eli *elttejä* ja pyöreitä pullia, sen sijaan leivottiin vain lauantaisin. Ne kypsyivät vielä karjalanpiirakoiden jälkeen. Tuore pulla ja kylmä maito oli voittamaton yhdistelmä. Pelkkä ajatus saa vieläkin veden herahtamaan kielelle. Rakkaalla lapsella on tunnetusti monta nimeä. Pohjanmaalla puhutaan *ankkastukista*; eltti-sana on ilmeisesti väännös *letistä*; mekin puhuimme pitkon letittämisestä, koska kuvio oli sama kuin hiusletissä. Joskus me pienet saimme oman taikinanokareen, josta saimme muovailla ikioman pikku pullan. Tuntuu se pullan leipominen olevan nykylastenkin suosiossa:

– Nyt leivotaan ukin kanssa korvapuusteja, on tavallinen ehdotus lastenlastemme suusta.

Oma lukunsa oli sitten *karjalanpiirakoiden* teko; niitäkin tehtiin yleensä lauantaiaamuisin. Tässä työssä olimme me pojatkin mieluusti mukana. Homma aloitettiin perunoiden kuorinnalla, koska piti saada muusia piirakoiden täytteeksi. Me tosin myöhästyttiin isän mielestä pahasti, kun perunateatteri alkoi "vasta" seitsemältä. Hänen lapsuudenkodissaan puuhaan oli ryhdytty jo viideltä! Sitten tehtiin ruistaikina, jota ei tarvinnut nostattaa, ei kun sekoittaa suola, ruisjauhot ja vähän vehnäjauhoja (sitkosaineeksi) lämpimään veteen. Taikinasta tehtiin pitkä pötky, josta leikattiin tasavahvuisia siivuja. Ne puolestaan taputeltiin ohuemmiksi ja *ajeltiin* piirakkakaulimella eli *pualikalla* sitten oikein ohuiksi kakkaroiksi. Mitä ohuempi kuori, sen maukkaammat piirakat! Näin ollen ajelu olikin sitten se kaikkein vaativin vaihe koko prosessissa. Pualikka ei muuten ole tasainen rulla tai tela, niin kuin tavallinen kaulin, vaan se on keskeltä paksumpi kuin laidoilta. Ei tavallisella kaulimella pystyisi niin ohuita kakkaroita tekemäänkään mitä piirakkamestarit loihtivat.

Meillä lapsilla oli kullakin oman kehitysvaiheemme mukaiset *tehtävät* piirakoiden teossa. Muistan kuinka itse sain aloittaa siinä neljän vanhana näyttämällä roikkalampulla valoa uuniin, kun piirakoita työnnettiin "leiplapiilla" sinne paistumaan ja sitten kun ne otettiin sieltä pois. Uunin piti olla oikein kuuma, että nuo herkut kypsyivät muutamissa minuuteissa mukavan ruskeiksi. Joidenkin vuosien työharjoittelun jälkeen pääsin jo levittämään perunamuusia tasaiseksi levyksi piirakkakuoren päälle. Muusia piti ottaa lusikalla juuri oikea määrä, eikä sitä saanut levittää liian reunoille. Muuten seuraava vaihe olisi kärsinyt tai käynyt jopa mahdottomaksi: Kuoren reunat käännettiin molemmilta puolilta tasaisesti keskelle ja aloitettiin *yhdistely*; alaosasta ruvettiin *rypyttämään* piirakkaa molemmilta laidoilta tasaisesti peukalon ja etusormen avulla (ryppy muodostui siis peukalon ja etusormen väliin), niin että piirakasta tuli kauniin soikion eli ovaalin muotoinen. Kotona etenin urallani rypytykseen asti; ajeluvaihe jäi siis vielä oppimatta.

Tässä en malta olla kertomatta yhdestä pahimmista *erheistäni* avioliittoni alkuajoilta. Rakas vaimoni Helena oli päättänyt yllättää minut tarjoamalla illalliseksi itse tekemiään karjalanpiirakoita. Minä olin ilmeisesti kertonut hänelle juurta jaksain lapsuuden piirakkatalkoistamme. Helenahan on kotoisin Pohjanmaalta, eivätkä siellä piirakoita leiponeet juuri muut kuin siirtokarjalaiset, siis Venäjän puolelle jääneestä Karjalasta tulleet evakot. No, Helena oli pannut toimeksi ja piirakat tuoksuivat tuoreina ruokapöydässä. Sitten tein kardinaalimunauksen, jota olen katunut lopun ikääni. Sanoa töksäytin:

– Eiväthän nämä ole oikeiden piirakoiden muotoisia, lisäksi ne näyttävät räystäällä paistetuilta (siis: liian vähän ruskistetuilta).

Tuore aviovaimoni vastasi tietysti pohjalaisen tempperamenttinsa mukaisesti:

– Teeppä sitten itte piirakkasi!

Olen minä niitä pari kertaa tehnytkin, ajelemisen myös, mutta pääasiassa niitä on ostettu kaupasta valmiina. Näin minä menetin potentiaalisen lahjakkaan piirakantekijän...

Tämä surullinen tarina on esimerkki siitä, että ei pitäisi heti hönkäistä ilmoille ensimmäisiä ajatuksiaan. Tilannehan oli se, että piirakat eivät olleet rypytetyt niin suppuun kuin meillä oli tapana (eivät muuten nykyään kaupankaan piirakat...) ja väri oli totuttua vaaleampi. Taisinpa olla silloin vielä isä-Jussin linjoilla. Hänellä ei ollut tapana kommentoida ruuan *onnistumista*, mutta sitäkin painavammin, jos jokin oli mennyt vikaan:

– Piloovat hyvät aineet!

Uudempi linja olisi ollut sanoa Helenalle:

– Voi mikä yllätys! Kylläpä piirakat tuoksuvat hyvältä, maistellaanpa niitä! Olisihan niitä voinut syödä vaikka silmät ummessa.

Kuten todettu, siskot joutuivat huolehtimaan perheenemännän tehtävistä sitten kun äiti oli kokonaan vuodepotilaana ja tietysti hänen poismenonsa jälkeen. Vieno Kaarina, Salme ja Hilja olivat varmaan nelisen vuotta vuorollaan siinä rankassa työssä, jopa 13-vuotiaasta asti. Muistan kuinka vanhin siskomme Vieno oli *temperamentikas* emäntä. Kun sisäsiivous oli kesken ja me nuoremmat telmimme siinä jaloissa, niin hän komensi topakasti:

– Men-kää sii-tää pel-lol-lee! Ymmärsimme kyllä, että nyt on syytä lähteä ulos nujuamaan, sen verran tiukassa äänensävyssä asia esitettiin.

Myös nuoremmat siskoni Pirkko ja Ritva olivat vuorollaan, äidin jo kuoltua, kodin hengettärinä. Pirkko kertoi ensimmäisen "hukinsa" alkaneen jo 12-vuotiaana koulunkäynnin ohessa. Ritvalta sain kaksi karjalanpiirakkalähetystä ollessani jo opiskelemassa Jyväskylässä. Se tuntui mukavalta viestiltä kotikonnuilta. Marjatta oli vielä isän ilona jonkin aikaa toisten lasten jo lähdettyä maailmalle. Hänelle isä oli näyttänyt sitten toisen puolensa: *lempeät* isän kasvot, joihin me vanhemmat lapset emme olleet tottuneet. Silloin elämän paineet olivat hänenkin kohdallaan jo helpottaneet, ja ennen niin tiukka luonne oli päässyt pehmenemään.

Sisaruksellista huolenpitoa

Kun perheessä on enemmän kuin yksi lapsi, niin keskinäisiltä *konflikteilta* ei pysty välttymään. Ei tarvita kuin kaksi energistä nuorusta (vastakohta: vanhus), niin sotatila on pian valmis, puhumattakaan siitä, että tulevaisuuden toivoja on runsaammin. Kotona muksitaan nyrkillä, mutta ulkomaailmassa pidetään yhtä – se on ainakin omakohtainen kokemukseni. Isoveli on pojan paras kasvattaja, tämä lienee oman, harmonisen tasapainoisen luonteeni (!?) salaisuus.

Kuten näistä jorinoista varmaan on käynyt ilmi, minulla oli eniten touhuja Paavo-veljen kanssa. Kaksi vuotta vanhempana, nopeampikasvuisena ja vahvana tyyppinä hän oli *esikuvani* varsinkin urheilussa. Tuntui että Paavolta onnistui kaikki, mitä hän yritti: Juoksussa hän pisti jauhot suuhun kylän muille pojille niin pikamatkoilla kuin pidemmilläkin lenkeillä; voimistelussa veti kippiä ja muita temppuja vaivattomasti; painonnostossa oppi kylällä ensimmäisenä uuden kyykkytempaustyylin, jossa levytanko kiskaistiin rinnalle samalla kyykistyen alas ja sitten yhtenäisen liikesarjan tuloksena noustiin ylös tanko suorilla käsillä; koripallossa hän oli yksi kylän *hirmuista*, jotka eivät antaneet mitään toivoa kansanopiston poikien joukkueelle jne. jne. Yritä siinä sitten kaksi vuotta nuorempana panna hanttiin erimielisyyksien sattuessa! Hyvänä puolena tulee näin jälkikäteen mieleen, ettei minua milloinkaan kiusattu koulussa tai kaverienkaan keskuudessa. Liekö siinä Paavon kovilla nyrkeillä ollut oma osuutensa... Ja tyttöjen kanssa minä pärjäsin ihan itse, kuten aikaisemmin olen kertonut.

Pitihän minunkin yrittää jollain tavalla päteä isonveljen varjossa. Minun vahvuuteni oli *koulunkäynti*. Jaksoin varmaan vähän enemmän pakertaa läksyjen kimpussa sillä aikaa, kun Paavo keksi konnankoukkuja isompien kavereidensa kanssa. Isän silmissä isoveli oli ensimmäinen syntipukkiehdokas, kuten kertomastani kanan tilapäisestä kuolemasta käy ilmi. Itsetuntoni kohosi monta pykälää, kun olimme Majakalliossa samassa luokkahuoneessa yläkerrassa, minä kolmannella ja Paavo viidennellä. Oli pidetty äidinkielen koe (kaikilla luokilla sama!), ja opettaja julisti tulokset. Siihen aikaan ei oltu kovin hentomielisiä, ja niinpä opettaja sanoa paukautti:

– Voisit sinä Paavo ottaa vähän mallia tuosta pikkuveljestäsi!

Onneksi Paavo osasi suhtautua asiaan maltillisesti, eikä ryhtynyt kotona kurinpitotoimenpiteisiin.

Osaavat ne *tytötkin* kähinöidä keskenään. Se kävi ilmi selvimmin, kun meitä ei ollut kotona kuin neljä nuorimmaista: Pirkko, Ritva, Marjatta ja minä joukon vanhimpana. Se oli varmaan lukioaikaa, kun yritin keskittyä läksyihini, niin silloin tällöin lukurauhani häiriintyi pikkusiskojen torailujen vuoksi. Liekö tullut kiistaa paperinukeista vai mistä, mutta tukkanuottasilla oltiin, ja meteli sen mukainen. Minun piti mennä selvittämään tilanne, ja keksinkin keinon, jolla oli myös jatkossa vahva, ennaltaehkäisevä pelotusvaikutus: käänsin ylävartaloni lähes suoraan kulmaan lattiaa kohti, otin riitelijät vuoron perään lantioni päälle ja rynkytin jaloillani ylös alas. Tämä oli yllättävän tehokas kasvatusopillinen (eli *pedagoginen*) toimenpide, joten minun ei tarvinnut turvautua ollenkaan "leiplapii tai setolokkaremmi" -uhkauksiin, jotka olivat isän bravuureja. Myöhemmin omien lasteni kanssa otin käyttöön *tiukan otteen,* josta pahantuulinen änkyröijä ei päässyt minnekään, vaan oli pakko rauhoittua. Toimenpiteen monipuolisuutta osoittaa se, että lastenlapsemme asiasta kuultuaan ovat suorastaan *vaatineet* päästä sitä kokeilemaan. Pitäisiköhän hakea maailmanlaajuinen patentti?

Pikkusiskot eivät olleet yhtä tyytyväisiä *kasvatustoimenpitei-siini* kuin minä. He väittivät minun olevan niin kurja tyyppi, ettei kukaan tyttö suostu menemään kanssani naimisiin. Siihen vastasin optimistisesti, etteihän sitä tiedä vaikka joku haksahtaisi. Jonkin aikaa näytti siltä, että ennustus pitäisi paikkansa. Opiskeluaikanani Jyväskylässä tapasin kuitenkin tansseissa *pahaa aavistamattoman* pohjalaistytön, jonka korviin eivät huonot tapani olleet kantautuneet; olihan välimatkaa ollut vähintään viisisataa kilometriä. Niinpä voin todeta Englannin prinssin Charlesin tapaan, kun hän oli kosinut Dianaa: – Luckily she said yes (eli: Onneksi hän vastasi myöntävästi!) Minäpä sain samalla kertaa *kolme* vaimoa: Helenan (minun käyttämäni nimi), Kaisan (kotinimi Pohjanmaalla) ja Kaisa Hele(e)nan (epäselvyyksien takia; jotkut kun olivat ihmetelleet, onko vaimoni nimi Kaisa vai Helena). Jossain vaiheessa Helena väitti minun olevan kova kehumaan itseäni. En pystynyt asiaa kieltämäänkään, mutta selitykseksi sanoin, että meillä kotona sisarusten keskinäinen kilpailu oli kova. Kun joku kertoi tehneensä mielestään jonkin urotyön, niin eikös kohta joku toinen mitätöinyt sen sanomalla:

– Voi tok, mie tok... ja pistämällä kahta vertaa paremmaksi. Kehuja ei saanut, ellei itse nostanut kissan häntää. Että semmoinen psykologinen tausta...

Muistoja vanhemmista

Isä on tullutkin mainittua jo moneen otteeseen tässä kertomuksessa. Hän oli tiukka vanhan ajan mies, joka piti meidän mielestämme kovaa *kuria* kotona. Käskyjä piti noudattaa välittömästi, ja mieluummin arvata ne jo etukäteen. Olihan se varmaan pakon sanelemaakin niin isossa perheessä, vaikka joskus se tuntui kohtuuttomalta. Nykyään vaikuttaa siltä, että pari vesseliä saa pahemman kaaoksen aikaan kuin meidän lähes tusinainen lapsilaumamme. Käskyjä ei oteta kuuleviin korviin, vaan meuhke jatkuu, ennen kuin jompikumpi vanhemmista hiilestyy tarpeeksi.

Isä-Jussin hermot taisivat olla monesti aika kireällä, kun hän niin helposti ärähteli meille lapsille. Näin jälkikäteen ajatellen ei se kai mikään ihme ollutkaan, kun joutui huolehtimaan niin ison perheen elatuksesta. Muistan kuinka hän myhähteli mielissään, kun eräs *partsikka* ihmetteli, miten sellaisen lapsilauman pystyi elättämään, kun hänellä on täysi työ neljän tenavan kanssa. Mies oli tullut hakemaan vasikkaamme, joka sillä kertaa annettiin myyntiin. Tällaista lihakarjan ostajaa isä nimitti partsikaksi.

Raha oli tiukassa, mutta kyllä meillä sentään aina ruokaa riitti. Ja hyvältä maistui, vaikka usein syötiin tänään perunoita ja kastiketta ja huomenna kastiketta ja perunoita. Pannulla rapeiksi paistetut silavasiivut olivat tosi herkullisia, ja niistä sai maukkaan kastikkeen. Sehän on sitä *pekonia*, jota englantilaiset pistelevät suihinsa aamiaiseksi paistetun munan ja papujen kanssa. Ihan puistattaa ajatuskin syödä niin rasvaista *aamiaista*. Nykyään Suomenkin hotelleissa tarjotaan aamiaisella usein pekonia, mutta ei se monestikaan ole niin rapeaa kuin kotona paistettu.

Lihaa saatiin enimmäkseen itse kasvatetusta possusta, lehmivasikasta tai lampaasta. Meistä lapsista tuntui aika surulliselta, kun kesän lemmikkipossumme joutui syksyllä lahtipenkkiin. Mutta sillä tavalla ne kaupankin lihat "syntyvät", vaikka nykylapset eivät kaupungissa sitä varmaan sillä lailla tiedostakaan. Lehdessä oli tässä joku päivä juttu, jossa sanottiin joidenkin lasten luulevan, että *maito* saadaan kanoista. Me olimme kyllä valistuneempia, kun näimme maidon suihkivan lehmän *vetimistä* vaahtoavana lypsäjän sankoon ja kanan kotkottavan riemukkaasti, kun oli saanut munan pyöräytettyä. Vetimethän ovat lehmän nännejä; käsinlypsyssä niitä todellakin vedellään, jotta saadaan maito tulemaan *utareista* (yksikkömuoto on muuten utare tai *udar!*).

Kyllä isä varmaan meitä lapsiaan *rakasti*, vaikka ei tuo sana kuulunut aktiiviseen sanastoomme. Se on niin kallisarvoinen sana, että vieläkin meikäläisen on vaikea sitä käyttää. On paljon helpompi hökäistä sama englanniksi; Amerikoissa "love" tuntuukin kärsineen melkoisen inflaation, kun kaikki on "very nice" ja ihmisiä ja asioita "rakastetaan" niin maan perusteellisesti. Kun isä täytti 70 vuotta, kirjoitin hänelle kirjeen (taisi olla ensimmäinen), ja kerroin ymmärtäneeni aikuisena hänen paineensa ison perheen elättäjänä. Sanoin myös, että tiukka työkasvatus toi hyviä tuloksia myöhemmässä elämässä, kun ei ollut tottunut saamaan kaikkea valmiina. Mentyäni sitten kotiin käymään, isä halasi minua ensi kerran, selvästi liikuttuneena, osaamatta sanoa sanaakaan.

Tyyne-äitimme oli hyvin lempeä, todella äidillinen nainen, jota elämä kohteli ankarasti. Hän oli saanut pahan nivelreuman, joka vei lopulta liikuntakyvyn ja johti ennenaikaiseen kuolemaan alle viisikymppisenä. Niistä harvoista nuoruuden kuvista, jotka ovat säilyneet, huomaa että hän oli ollut viehättävä nuori nainen. Joku isommista siskoistamme sanoi, että äidillä oli erityisen kauniit silmät. Luonteeltaan äiti oli kärsivällinen meitä lapsia kohtaan. Niinpä me etsimmekin hänestä turvaa ja lämpöä. Joskus äiti tuumasikin, ettei hän itse tahdo mahtua sairasvuoteeseensa, kun me tenavat olimme tunkemassa siihen hänen kaverikseen.

Minulla ei ole juurikaan muistikuvia äidin terveyden päivistä. Silloin hän oli kuitenkin vielä kohtalaisessa kunnossa, kun olimme pyykillä "Sinkkosten rannassa", minä hänen apulaisenaan siinä kolmen, neljän vuoden ikäisenä. Äiti keitti valkopyykkiä isossa padassa, kuten siihen aikaan tapana oli. Padan alle tarvittiin puita, joita minä sitten rannalta keräilin. Sainkin kannettua kunnon sylyksen äidille, joka antoi tietysti hyvät kehut reippaalle apulaiselleen. Sitten kuitenkin minua alkoi hirveästi kirvellä paidan alla; puissa oli asustellut *kipukusiaisia* (sen nimen olimme antaneet pienille, ruskeille muurahaisille, jotka eivät olleet niin sanottuja työmuurahaisia). Kova itkuhan siitä tuli. Äiti tietenkin lohdutteli ja käski riisumaan paidan pois, jotta saimme kusiaiset karkotettua. Sen jälkeen olinkin tarkempana ja kopistelin ei-toivotut kumppanit polttopuista pois ennen kuljetusoperaatiota.

Aikaisemmin kerroin, että äiti opetti minut lukemaan, koska hän ei ehtinyt aina toimimaan riittävästi esilukijana. Hän toimi myös *uimaopettajana* vanhimmalle veljellemme Kaukolle. Äiti sanoi:

– Pane kasvot veteen ja ala potkia ja kauhoa käsillä, niin varmasti et uppoa! Ja se opetus toimii edelleen. Pitää vain uskaltaa painaa naama veteen ja olla vähän aikaa hengittämättä, niin uinnin alkeet on opittu.

Loppulitviikki

Kyllä lasten elämä oli 1940- ja 50-luvuilla hyvin *erilaista* nykyelämään verrattuna. Autoja ei ollut paljon kellään, ja puhelimiakin (nimenomaan *lankapuhelimia!*) vain muutama koko kylässä. Kun automaattisia puhelinkeskuksia ei ollut, piti ensi vääntää puhelimen kammesta ja nostaa kuuloke korvalle, jolloin "keskusneiti" vastasi (elokuvissa heitä nimitettiin sentraalisantroiksi). Sitten sanottiin, kenelle puhelu haluttiin, jolloin neiti vastasi: "yhdistän". Keskustelun jälkeen piti taas vääntää kammesta, jolloin puhelu päättyi. Minua ihan hirvitti, kun joskus piti mennä naapuriin soittamaan jostakin tärkeästä asiasta. Onneksi ystävälliset asiantuntijat neuvoivat, miten pitää toimia. Vanhojen kotimaisten elokuvien puhelinkeskusten hoitajat ovat suorastaan legendaarisia, karrikoituja tyyppejä, jotka olivat kaikkein parhaiten selvillä paikkakunnan asioista. Puheluja oli näet mahdollista kuunnella *salaa...*

Suuria eroja on myös ajankäytössä. Nykyään lapset käyttävät kesälomansa heitä kiinnostaviin *harrastuksiin*, mutta siitä huolimatta heillä voi joskus olla "tylsää" tai "ei ole mitään tekemistä". Meillä oli siinä mielessä *helpompaa* (!?), että tiesimme kyllä, mitä kesälomalla tehdään. (Lienee selvinnyt edellisistä jutuista...) Jos vapaata oli, niin varsinkin talvisaikaan uppouduimme romaanien ja seikkailukirjojen lukemiseen. Isä monesti marajikin, että pitääkö sitä *romantiikkaa* aina tutkia. En ole aivan varma, menikö hänellä vähän käsitteet sekaisin; tuskin intiaani*romaaneja* (esim. Viimeinen mohikaani) pelkäksi romantiikaksi voi laskea. Ei ne lainasanat niin helppoja ole. Manne-appenikin pohdiskeli joskus, että mitä se "seksuaalinen" oikein mahtaa olla. Käytäntö voi joskus sujua ihan mainiosti, vaikka teoria ei olisikaan täysin selvillä (oli sentään viiden tyttölapsen isä...). Muistaakseni Thomas Alva Edisonkin keksi sähkölampun, vaikka ei ollut täysin selvillä termodynamiikan laeista.

Näin jälkeenpäin muistellen tuntuu siltä, että lapset olivat 50-luvulla keskimäärin *omatoimisempia* kuin nykyiset tulevaisuuden toivot. Jos haluttiin mennä urheilukentälle (jos sellainen ylellisyys kylässä oli), niin sinne *mentiin* kävellen tai juosten. Oma polkupyörä olisi ollut ylellisyyskapine, puhumattakaan että rientoihin olisi kuskattu (hevosella? traktorilla?). Myös *leikkivälineet* kehiteltiin pitkälti itse. Kuusen ja männyn kävyistä tehtiin lehmiä ja lampaita; sopivat tikut jaloiksi, niin jopa oli melkoinen karjalauma valmis. Männyn kaarnasta veistettiin kaarnalaivoja; tikku mastoksi ja tuohenkäppyrä purjeeksi. Ennen kuin laiva oli "merikelpoinen", piti sitä moneen kertaan kokeilla vedessä ja sitten vuoleskella lisää puolelta ja toiselta. Olihan se upea tunne, kun alus oli valmis ja sai tuulta purjeeseensa.

Pienempiä aluksia saatiin äkkiä rannan *kaisloista*: katkaistiin ruoko noin viisi senttiä lehden alta, kiskaistiin varsi irti ja taivutettiin sitten lehden kärki varren jättämään onttoon tilaan. Kaareva purjealus oli valmis vesille laskettavaksi. Niitä tehtiin saman tien useampiakin. Jos tuuli oli sopiva, niin purjehduskilpailu käynnistyi välittömästi

Vaikka rakennusperiaate oli sama, niin kyllä vain toiset paatit menivät vakaammin, kun taas toiset saattoivat kallistella pahastikin tai kokea jopa *haverin* eli merionnettomuuden.

Nykyisin lapsilla on leikkihuoneet täynnä kaupasta ostettuja leluja. Uutena niitä ihastellaan ja niillä leikitään, mutta myöhemmin moni niistä taitaa lojua melkein tyhjän panttina. Voisikohan niitä kierrättää jollakin lailla, vaikkapa lahjoittaa niille, joilla ei mene yhtä hyvin, kotimaassa tai ulkomailla? Varmaan moni tekeekin niin. Afrikan lapsille avun perille toimittaminen ei tietenkään ole mikään yksinkertainen asia.

Sunnuntaina meillä oli yleensä vapaata, ja kauniilla ilmalla vietimme ne yleensä *rannalla*. Ei siellä aikuisia ollut vahtimassa, me pidimme huolta toinen toisistamme. Uimme niin pitkään kunnes tuli kylmä, sitten kuumalle rantakalliolle lämmittelemään, ja taas uimaan. Sitä tahtia kertyi usein toistakymmentä uintikertaa päivässä. Pyyhkeitä emme omistaneet, mutta kalliolämmön lisäksi karkotimme vilunväreet juoksentelemalla rantakivikossa. Kivet olivat onneksi enimmäkseen mukavan pyöreitä, mutta ihme oli, ettei kukaan esimerkiksi nyrjäyttänyt nilkkaansa. Selviäväthän ne vuorivuohetkin hirmuisilla kalliorinteillä...

Kerran tytöille sattui uimareissulla aika paha *takaisku.* Mukana taisi olla myös naapurin tyttäriä. Olimme uimassa opiston rannassa, niin sanotussa "matalassa rannassa", jossa myös opiston lehmät kahlailivat kaisloja syömässä. Siellä vesi ei näin ollen ollutkaan absoluuttisen puhdasta, koska eivät lehmät muistaneet mennä tarpeilleen rannalle, vaan käyttivät hyväkseen "vesiklosettia". Meitä se ei haitannut (luonnontuote mikä luonnontuote!), vaan sinne lämpöiseen veteen sitä rynnättiin päätä pahkaa.

Niin, mikä ongelma tytöillä oli? He olivat laittaneet alusvaatteensa siististi lehmiaidalle (me pojat viskasimme liiat kamppeet heinikkoon) odottamaan uinnin jälkeistä pukeutumista. Kauhistus oli suuri, kun neitokaiset vedestä noustuaan huomasivat opiston lehmien paraikaa syövän heidän alusvaatteitaan. Olivatko ne pienen hikoilun jälkeen lehmien makuun sopivan suolaisia, kuka tietää? Poistuimme kohteliaasti (?) rannalta ja jätimme tytöt selvittelemään vaatetusongelmiaan. Onneksi ainakin päällysvaatteet olivat tallella.

Kyllä muistoissa on paljon *mukavia* asioita lapsuudesta, vaikka ne pitkät työpäivät arkisin tuntuivatkin raskailta. Se oli kuitenkin pientä siihen verrattuna, mitä *kehitysmaiden* lapset vielä tänä päivänäkin saavat kokea. He kaivelevat kaatopaikkoja etsien sieltä jotain käyttökelpoista tavaraa myytäväksi tai raatavat kaksitoistatuntisia työpäiviä savitiilien tekijöinä tai jopa kaivoksissa. Tyttöjen asema tuntuu olevan kaikkein vaikein, kun monessa maassa ajatellaan, etteivät tytöt tarvitse koulunkäyntiä; riittää kun osaavat hoitaa kotia ja lapsia. Sen takia mielestäni on tärkeää, että me vauraampien maiden ihmiset avustamme noita heikompia. Meillähän asiat ovat kääntyneet toisin päin: tytöt rynnistävät kouluissa ja yliopistoissa, niin että pojilla olisi tsemppaamisen paikka! Ehkäpä takapajuisissa maissa miehet pelkäävät menettävänsä vallan, jos tytöt pääsevät kouluun?

Nykylasten *terveystilanne* huolestuttaa minua. On suuri kiusaus lojua kotona tihrustamassa älykännykkää tai pelata tietokonepelejä, sen sijaan että juoksentelisi kaverien kanssa ulkoleikeissä. Kyllä liikunta on kaiken alfa ja omega, varsinkin lapsille! Kännykät ja Whats Appit tuntuvat sitovan heitä jopa niin paljon, että jos ei sinä siunaaman hetkenä vastaa kaverin viestiin, niin kuulemma jotkut uhkailevat jo ystävyyden irtisanomisella! Nuorilla on paljon niska- ja selkävaivoja; syynä lienee liikunnan puute. Vaarana taitaa olla myös peukalon nivelen ennenaikainen kuluminen jatkuvien tekstiviestien naksuttelun johdosta. Ehkäpä siihenkin kehitetään ajan mittaan tekonivel, mahdollisesti jopa kotona 3D-tulostimen avulla...

Taitaapa kuulostaa aika pessimistiseltä. Mutta johan antiikin kreikkalaiset totesivat, ettei nykynuorisosta ole mihinkään ...